Oraciones con propósito

para mujeres

BARBOUR
ESPAÑOL
Un Sello de Barbour Publishing

Oraciones con propósito para mujeres © 2012 por Barbour Español

ISBN 979-8-89151-024-1

Título en inglés: *Prayers with Purpose for Women,* ©2010 por Barbour Publishing, Inc.

A menos que se indique lo contrario, todos los textos bíblicos han sido tomados de la Nueva Versión Internacional® NVI® © 1999 por la Sociedad Bíblica Internacional. Usados con permiso.

Las citas bíblicas marcadas RVR60 son tomadas de la Santa Biblia, Versión Reina-Valera 1960, © 1960 por Sociedades Bíblicas en América Latina, © renovado 1988 por Sociedades Bíblicas Unidas. Usados con permiso.

Las citas bíblicas marcadas TLA se han tomado de la Traducción en Lenguaje Actual.

Las citas bíblicas marcadas NBLH se han tomado de la Nueva Biblia Latinoamericana de Hoy.

Las citas bíblicas marcadas NTV se han tomado de la Nueva Traducción Viviente.

Las citas bíblicas marcadas DHH se han tomado de la versión Dios Habla Hoy.

Las citas bíblicas marcadas PDT se han tomado de la versión Palabras de Dios para Todos.

Las citas bíblicas marcadas LBLA son tomadas de La Biblia de las Américas®, © 1986, 1995, 1997 por The Lockman Foundation. Usadas con permiso.

Desarrollo editorial: Semantics, Inc. Semantics01@comcast.net

Publicado por Barbour Español, un sello de Barbour Publishing, Inc., 1810 Barbour Drive, Uhrichsville, Ohio 44683 www.barbourbooks.com

Nuestra misión es inspirar al mundo con el mensaje transformador de la Biblia.

Member of the
Evangelical Christian
Publishers Association

Impreso en China.

Contenido

Introducción

¿Cómo es tu relación amorosa? Tal vez hablas
regularmente con Dios, pero no sientes que
logras comunicarte. El deber ha reemplazado al
deseo, y tu tiempo a solas se ha vuelto rutinario,
monótono o aburrido. Quizás, igual que muchas
personas, quieres orar de manera más constante,
pero aunque tus intenciones sean buenas
estás demasiado ocupada o distraída. Quieres
resultados, pero las respuestas tardan más de lo
que crees que deberían tardar. Y a veces, cuando
parece que no está sucediendo nada en absoluto,
te preguntas si tus oraciones están funcionando.

Cuando eso ocurre, es hora de volver a
obtener «poder» en tus oraciones. ¿Cómo?
Conectándote y permaneciendo conectada a
la Verdadera Fuente podrías transformarte de
manera muy positiva.

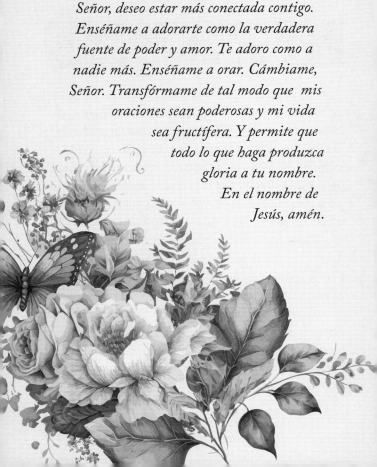

Señor, deseo estar más conectada contigo. Enséñame a adorarte como la verdadera fuente de poder y amor. Te adoro como a nadie más. Enséñame a orar. Cámbiame, Señor. Transfórmame de tal modo que mis oraciones sean poderosas y mi vida sea fructífera. Y permite que todo lo que haga produzca gloria a tu nombre. En el nombre de Jesús, amén.

Mi Biblia

La Palabra de Dios es verdad

Jesús se dirigió entonces a los judíos que habían creído en él, y les dijo: «Si se mantienen fieles a mis enseñanzas, serán realmente mis discípulos; y conocerán la verdad, y la verdad los hará libres».

Juan 8.31–32

Gracias, Señor, porque tu Palabra es verdad. En ocasiones es difícil discernir la verdad de la mentira, o de las medias verdades que me bombardean a diario a través de la televisión, la radio, las revistas y la cultura popular. Deseo conocer y vivir la verdad. Ayúdame a mirar tu firme y sólida Palabra, y no a este mundo, como el manual de instrucción para mi vida. Gracias porque no me dejarás seguir el mal camino, porque nunca me mientes, y porque siempre cumples tus promesas.

Luz para comprender

Tu palabra es una lámpara a mis pies; es una luz en mi sendero.

SALMOS 119.105

Señor, tu Palabra es una lámpara en medio de mi oscuridad, una linterna en el camino de la vida que me ayuda a ver el sendero. Tus palabras me iluminan con sabiduría, juicio y esperanza, aunque no pueda ver a dónde estoy yendo o cómo resultarán las cosas. Me alegra mucho que conozcas la dirección correcta. Tú has ido delante de mí y siempre estás conmigo, así que no debo temer. Decido seguir tu guía.

Refrigerio espiritual

*Escuchen, cielos, y hablaré; oye, tierra, las palabras
de mi boca. Que caiga mi enseñanza como lluvia y
desciendan mis palabras como rocío, como aguacero
sobre el pasto nuevo, como lluvia abundante
sobre plantas tiernas. Proclamaré el nombre
del Señor. ¡Alaben la grandeza de nuestro Dios!*

Deuteronomio 32.1–3

Señor, te agradezco por las palabras que
pronuncias a mi corazón y a mis necesidades.
Anhelo empaparme de tu enseñanza y aprender
más de ti. Tus vivificantes mensajes son como
lluvia sobre césped nuevo y verde. No necesito
una llovizna sino un aguacero: ¡un abundante
diluvio que empape mi seco corazón! Aunque
la vida pueda ser amenazante, ¡proclamaré el
nombre del Señor y alabaré la grandeza de
nuestro Dios!

El pan de vida

Jesús le respondió: Escrito está: «No solo de pan vive el hombre, sino de toda palabra que sale de la boca de Dios».

Tu Palabra es mi alimento diario, Señor. Gracias por el Pan de vida que provees todos los días. Esas palabras me alimentan y me nutren el alma del mismo modo que comer pan me llena y me provee la nutrición que necesito para existir. Sin tus palabras me desvaneceré y pereceré espiritualmente; ¡con ellas vibro y estoy llena de energía y vitalidad! Sé mi porción, Señor, mientras te busco. Pues no solamente busco tus manos y lo que ofreces, sino también tu rostro, Señor. Anhelo conocer quién eres realmente.

Firme esperanza

Espero al Señor, lo espero con toda el alma;
en su palabra he puesto mi esperanza.
SALMOS 130.5

Señor, muchas veces me he sentido tentada a
creer que las personas o las cosas me satisfarán.
Pero a menudo me dejan vacía o frustrada.
Ayúdame a recordar que la fuente de mi
esperanza eres tú… no un individuo, un mejor
trabajo o una bandeja de pastelitos de chocolate
y nueces. Esas son cosas buenas, pero nunca
me satisfarán por completo como lo haces tú.
Perdóname por mi esperanza mal enfocada.
Ayúdame a poner mi confianza en ti y en tu amor
seguro, estable y confiable.

La Palabra de Dios es poderosa

*Ciertamente, la palabra de Dios es viva y poderosa,
y más cortante que cualquier espada de dos filos.
Penetra hasta lo más profundo del alma y del
espíritu, hasta la médula de los huesos, y juzga
los pensamientos y las intenciones del corazón.*

HEBREOS 4.12

Gracias por tus vivificantes palabras que revelan
la verdadera condición de mi corazón, la cual no
puedo ocultar porque tú ya lo sabes todo. Pero
tu convicción trae arrepentimiento y perdón. Me
aceptas como soy y me proporcionas la gracia y el
poder para realizar cambios reales y perdurables
en mi vida. Tu Palabra es viva y activa; por
eso tiene tanto y tanto poder. Te entrego mis
pensamientos y actitudes, y te pido sanidad.

Preparada para toda buena obra

Toda la Escritura es inspirada por Dios, y útil para enseñar, para redargüir, para corregir, para instruir en justicia, a fin de que el hombre de Dios sea perfecto, enteramente preparado para toda buena obra.

2 Timoteo 3.16–17 rvr60

Señor, quiero estar preparada para vivir como seguidora de Cristo. Tú respiraste vida en tus palabras, y seres humanos las escribieron en pergamino… estas son ahora las palabras de la Biblia que yo leo. Enséñame, Señor. Ayúdame a aceptar tu reprensión cuando la necesite. Corrígeme y prepárame en justicia a fin de estar lista para todo aquello que la vida me tenga hoy día.

El camino de la vida eterna

*Desde la niñez has sabido las Sagradas
Escrituras, las cuales te pueden hacer sabio para
la salvación por la fe que es en Cristo Jesús.*

2 TIMOTEO 3.15 RVR60

Señor, te agradezco por las señales que
proporcionas en tu Palabra, por tus instrucciones
para ir al cielo. La Biblia me ayuda a ser «sabia
para la salvación por la fe en Cristo Jesús». Qué
privilegio es conocerte al leer acerca de tu Hijo.
Él me revela qué es realmente el amor y me
acepta como soy. Tú eres el Camino, la Verdad, y
la Vida, y escojo seguirte.

Sabiduría para interpretar

Esfuérzate por presentarte a Dios aprobado, como obrero que no tiene de qué avergonzarse y que interpreta rectamente la palabra de verdad.

2 TIMOTEO 2.15

Señor, soy tu estudiante. Enséñame a leer tu Palabra, meditar en ella y aplicarla en mi vida. Dame deseos de pasar tiempo contigo, y sabiduría cuando enseñe tu Palabra a otros. Quiero ser alguien que interprete correctamente la Palabra de Verdad. Pido al Espíritu Santo que me ilumine y me dé entendimiento para vivir correctamente y llevar gloria a tu nombre.

Cómo conocer la voluntad de Dios

Por eso, desde el día en que lo supimos no hemos dejado de orar por ustedes. Pedimos que Dios les haga conocer plenamente su voluntad con toda sabiduría y comprensión espiritual.

COLOSENSES 1.9

Señor, quiero conocer tu voluntad para mi vida. Ilumíname con sabiduría, discernimiento y comprensión. Necesito saber cuándo quedarme y cuándo irme, cuándo hablar y cuándo cerrar la boca. Lléname con el conocimiento de qué es lo mejor para mí, ahora mismo y en el futuro. Mientras intento seguirte, ayúdame de modo obediente y gozoso a aceptar tus respuestas.

Mi salvación

Oración por salvación

Si confiesas con tu boca que Jesús es el Señor,
y crees en tu corazón que Dios lo levantó
de entre los muertos, serás salvo.

ROMANOS 10.9

Señor, humildemente me inclino ahora ante
ti y te confieso mis pecados. Lamento mucho
todas mis equivocaciones y te pido perdón. Creo
que Jesús es el Hijo de Dios, que murió en una
cruz, que resucitó de los muertos, y que venció
a la muerte para que yo pudiera vivir de verdad:
en poder y propósito aquí en la tierra, y para
siempre con él en el cielo. Te elijo. Por favor, sé mi
Salvador y mi Señor.

Gracias por salvarme

¡Gracias a Dios por su don inefable!
2 CORINTIOS 9.15

Señor, te agradezco por mi salvación. Gracias por tu indescriptible regalo de vida eterna y por el poder para hacer tu voluntad hoy día. Me cuesta entender cómo sufriste, pero lo hiciste todo por mí y por cada persona en este planeta. Escarnecido y golpeado, sangraste por mis pecados. Venciste sobre la muerte para que yo pudiera vivir. Forjaste un camino para mí, por lo cual estoy eternamente agradecida. Gracias, Señor.

Un nuevo comienzo

Por lo tanto, si alguno está en Cristo,
es una nueva creación. ¡Lo viejo ha
pasado, ha llegado ya lo nuevo!
2 CORINTIOS 5.17

Señor, ahora que estoy dedicada a tu corazón y
a tu alma, soy una nueva creación. Gracias por
limpiarme de mis antiguas maneras de pensar
y comportarme, y por darme el poder para
llevar una vida nueva. ¡Tu amor me transforma!
Ayúdame a llevar con sabiduría esta nueva vida,
tomando las decisiones correctas. Concédeme
valor para amar del modo en que me amas.
Enséñame tus caminos a medida que viajamos
juntos por esta senda hacia el cielo… hacia el
hogar.

Solamente por gracia

*Porque por gracia ustedes han sido salvados mediante
la fe; esto no procede de ustedes, sino que es el regalo
de Dios, no por obras, para que nadie se jacte.*

EFESIOS 2.8–9

Señor, ¡tú das los mejores regalos! Recibo el
amoroso obsequio de mi salvación, sabiendo que
es por gracia que he sido salvada, por medio de
la fe. No hago nada para merecer ni ganar ese
regalo. Sé que mis obras no me salvaron, porque
de haberlo hecho me jactaría entonces de ello. Al
contrario, tú me salvaste por gracia para que yo
pudiera hacer buenas obras, cosas que preparaste
por anticipado para que yo hiciera, a fin de llevar
gloria a tu nombre.

Solamente Jesús salva

*De hecho, en ningún otro hay salvación, porque
no hay bajo el cielo otro nombre dado a los
hombres mediante el cual podamos ser salvos.*
HECHOS 4.12

Señor, tu Palabra expresa que la salvación solo
se encuentra en el Hijo de Dios, Jesucristo.
Solamente su nombre tiene el poder para salvar.
A nuestra sociedad le gusta proponer ideas
alternas y tratar de convencerme de que puedo
hallar vida en otras maneras, como comprar
más cosas, encontrar romance, o buscar cierto
camino. ¡Falso! Decido creer en Jesús, no en otros
dioses, ni en otras filosofías religiosas, ni en el
materialismo. Gracias por tu poder para salvar.

Perdonada

*Los profetas hablaron acerca de Jesús, y dijeron que
Dios perdonará a todos los que confíen en él. Sólo por
medio de él podemos alcanzar el perdón de Dios.*

HECHOS 10.43 TLA

Señor, estoy agradecida por tu perdón. Es tu
nombre, el nombre de Jesús, el que cubre nuestros
pecados cuando creemos en ti. Así como recibo tu
perdón, te pido poder para extender misericordia
a otros. Te agradezco por perdonarme y hacerme
libre. Ayúdame por favor a perdonar a otros
cuando me han herido, sabiendo que tú eres
Aquel que trae justicia. Por favor, concédeme
también el poder para perdonarme.

No avergonzada

A la verdad, no me avergüenzo del
evangelio, pues es poder de Dios para la
salvación de todos los que creen: de los judíos
primeramente, pero también de los gentiles.
ROMANOS 1.16

Señor, no me avergüenzo del evangelio. Tus
palabras tienen poder para dar salvación a todo
aquel que cree. No deseo ocultar la luz de la
verdad, sino más bien permite que brille desde
mi propia vida de modo que otros vean a Cristo
en mí. Cuando otras personas me pregunten por
la razón de mi alegría, dame las palabras para
hablarles a fin de que ellas también te conozcan.
Ayúdame a traerte gloria mientras me sostengo
con valor y fortaleza en la verdad.

Palabras de vida

Le respondió Simón Pedro: Señor, ¿a quién iremos? Tú tienes palabras de vida eterna.

JUAN 6.68 RVR60

Señor, tú tienes las palabras de vida eterna que nos permiten pasar de muerte a vida, de esclavitud a libertad, y de miseria a paz. A veces las palabras pueden ser muy hirientes, pero las tuyas producen vida, esperanza y sanidad. No viniste a condenarme sino a salvarme y librarme de la muerte. Lléname con tus palabras de vida y esperanza, de modo que pueda usarlas para animar a otros.

Amar y obedecer

*Deseen con ansias la leche pura de la palabra,
como niños recién nacidos. Así, por medio
de ella, crecerán en su salvación.*

1 PEDRO 2.2

Señor, quiero crecer espiritualmente. Deseo hacer
la transición de bebé recién nacido que solo toma
leche, a un creyente más maduro que ansía la
«carne» de cosas más profundas. Quiero pasar de
conocer con la mente a experimentar tu corazón.
Deseo saber qué significa disfrutar tu presencia, y
no solo hacer peticiones. Enséñame paso a paso y
día a día a seguirte y a aprender tus caminos.

Mis emociones

Dios y las emociones

*El SEÑOR es lento para la ira y
abundante en misericordia, y perdona
la iniquidad y la transgresión.*
NÚMEROS 14.18 NBLH

Señor, qué bendición eres al darnos tal gama de
emociones con las cuales expresarnos. Ayúdame
a ser más como tú: lento para la ira y abundante
en amor. Ayúdame a ser una mujer perdonadora.
Te ruego que me des más discernimiento, a fin
de tener gracia para que en todo lo que se me
presente piense, hable y actúe con una actitud
buena y piadosa.

La renovación de la mente

No se amolden al mundo actual, sino sean
transformados mediante la renovación de su
mente. Así podrán comprobar cuál es la voluntad
de Dios, buena, agradable y perfecta.

ROMANOS 12.2

Señor, en ocasiones siento que mis emociones
necesitan una renovación. Renuévame...
transfórmame para que mis emociones tengan
equilibrio y sanidad. Te pido poder para cambiar.
No deseo ser como antes. Quiero ser prudente
y disfrutar de un modo sensato de pensar.
Anhelo tomar buenas decisiones respecto a cómo
expresarme en palabras y acciones. Ayúdame
a conocer tu voluntad y a tener una mente
renovada.

Gozo

Nuestra boca se llenó de risas;
nuestra lengua, de canciones jubilosas.
SALMOS 126.2

Dios, gracias por el regalo de la risa. Gracias por
la alegría que traes a mi vida por medio de la
sonrisa de un niño, de un melocotón delicioso,
de un baño caliente, y de dormir bien en la
noche. Ayúdame a recordar que cuando «levanto
la mirada» hacia ti puedo tener una perspectiva
más optimista y ser una persona más positiva.
Debo enfocarme en ti, no en mí ni en mis
circunstancias, para así poder vivir más tranquila y
llena de gozo.

Confianza

No temerás ningún desastre repentino, ni la desgracia
que sobreviene a los impíos. Porque el Señor estará
siempre a tu lado y te librará de caer en la trampa.

PROVERBIOS 3.25–26

Señor, quiero ser una mujer más segura de mí
misma. No deseo tener miedo a los desastres…
ni cometer errores. Concédeme el valor para
saber que tú, Señor, serás mi confianza. Eres tú
quien me impides tener deslices con la lengua
para no expresar algo erróneo. Pero aunque yo lo
haga, tienes el poder para volver a enderezar las
cosas. Gracias por la confianza que me brindas.
Permíteme caminar con la cabeza en alto porque
sé quién soy en Cristo: ¡Soy tuya!

Compasión

Sean bondadosos y compasivos unos con
otros, y perdónense mutuamente, así como
Dios los perdonó a ustedes en Cristo.

Efesios 4.32

Padre, tu compasión por la gente es estupenda.
Sanaste a los ciegos y guiaste a individuos que
estaban perdidos como ovejas sin pastor. Crea
en mí un corazón compasivo, agranda mi visión
para que yo pueda ver y ayudar a los pobres, a los
enfermos, a quienes no te conocen, y a aquellos
cuyas preocupaciones me pones en el corazón.
Ayúdame a no estar tan ocupada o tan absorbida
en mí que haga caso omiso de mis familiares y
amigos que podrían necesitar mi ayuda.

Estrés

*Encomienda al Señor tus afanes, y él
te sostendrá; no permitirá que el justo
caiga y quede abatido para siempre.*

SALMOS 55.22

Señor, no puedo soportar un día más este agitado
torbellino de vida: tráfico, niños llorando, mi
carga de trabajo en la oficina, y todo lo demás
con lo que debo lidiar. ¡A veces simplemente
siento que es demasiado! Ayúdame a desterrar
mis preocupaciones, a arrojarlas como se lanza
la cuerda de una caña de pescar. Sin embargo,
¡no permitas que esta se vuelva a enrollar!
Aquí está mi corazón agotado y ansioso. Que
las inmensidades de tu amor y poder me
reaprovisionen, proporcionándome la energía que
necesito para hacer lo que quieres que yo haga
cada día.

Enojo

Abandonen toda amargura, ira y enojo,
gritos y calumnias, y toda forma de malicia.
EFESIOS 4.31

Dios, ¡estoy muy disgustada! Estoy enojada, y
necesito tu ayuda. ¿Por qué las cosas tienen que
salir tan mal? Debo hacer algo con esta emoción
impetuosa, y opto por entregarte mi ira y mi
amargura. Señor, ayúdame a deshacerme de ellas.
Redime mi confusión y trae paz a lo que parece
tan fuera de control. Libérame del resentimiento
y la culpa. Muéstrame mi parte en este conflicto
mientras hablas al corazón de mi adversario.
Necesito tu sanidad y tu paz, Señor.

Tristeza

*¿Por qué voy a inquietarme? ¿Por qué
me voy a angustiar? En Dios pondré
mi esperanza y todavía lo alabaré.*

SALMOS 42.5

Padre, el día de hoy me siento muy pesimista.
¿Ves mis lágrimas? Ayúdame en medio de mi
tristeza a recordar que aunque esté derrotada
puedo optar por poner mi confianza en ti. En
lugar de decirme yo misma mentiras que me
llevan aun más a la desesperación, puedo mirar
hacia tu verdad. Recuérdame las cosas buenas que
has hecho en el pasado. Decido alabarte. Tú eres
mi Salvador y mi Dios. Que tu amor me consuele
ahora mismo.

Depresión

Me sacó de la fosa de la muerte, del lodo y del pantano; puso mis pies sobre una roca, y me plantó en terreno firme. Puso en mis labios un cántico nuevo, un himno de alabanza a nuestro Dios. Al ver esto, muchos tuvieron miedo y pusieron su confianza en el Señor.

SALMOS 40.2–3

Dios, ¿cambiarás por favor la música de mi vida, de un tono menor y triste a otro de mayor trascendencia y lleno de alegría? Dame un cántico nuevo para entonar, ¡una melodía más alegre! Me asombra que no haya desorden tan grande que no puedas reparar, vida tan destrozada que no puedas restaurar, ni pérdida tan grande que no puedas redimir. Te alabaré mientras me sacas de la tenebrosidad del pozo de la desesperación, levantándome del lodo y del fango de mi depresión y llevándome a terreno emocional sólido.

Ridícula desobediencia

En otro tiempo también nosotros éramos necios y desobedientes. Estábamos descarriados y éramos esclavos de todo género de pasiones y placeres. Vivíamos en la malicia y en la envidia. Éramos detestables y nos odiábamos unos a otros. Pero cuando se manifestaron la bondad y el amor de Dios nuestro Salvador, él nos salvó, no por nuestras propias obras de justicia sino por su misericordia.

TITO 3.3–5

Señor, he cometido muchas necedades, y lo siento. No quiero ser desobediente. He tomado decisiones insensatas, he sido engañada y me han atrapado las pasiones y los placeres del mundo. Perdóname. Gracias por salvarme mediante tu misericordia y un amor que es difícil comprender. A veces tu bondad me sorprende, a pesar de todo lo que he hecho mal. Tú me traes de vuelta a tu bondadosa gracia. Gracias, precioso Señor.

Mi matrimonio

Cámbiame, Señor

*Examíname, oh Dios, y conoce mi
corazón; pruébame y conoce los pensamientos que
me inquietan. Señálame cualquier cosa en mí que te
ofenda y guíame por el camino de la vida eterna.*

SALMOS 139.23–24 NTV

Padre, examina mi vida y explora mi corazón.
¿Hay allí algo hiriente que he estado haciendo?
Quita mi pecado y mi egoísmo. Ayúdame a dejar
de centrarme en cómo debería cambiar mi esposo.
Señor, limpia primero *mi* corazón. No puedo
cambiar el corazón de otros, por tanto te pido que
me muestres qué debe irse de mi vida, qué debe
permanecer, y cómo puedo estar bien contigo.
A medida que lo haces, oro porque haya mayor
amor y sanidad en nuestro matrimonio.

Amarse unos a otros

*Y sobre todo, ámense profundamente, porque el
amor es capaz de perdonar muchas ofensas.*
1 PEDRO 4.8 PDT

Señor, tú eres el autor del amor. Enséñanos a
amarnos unos a otros de manera más profunda, de
corazón. Te agradezco por el amor que mi esposo
y yo nos tenemos, por la alegría y la intimidad.
Cuando hagamos algo erróneo, ayúdanos a
perdonar y a dejar atrás la ofensa. Oro porque
nuestro amor sea paciente y amable, no orgulloso
o egoísta, sino que cada uno busque el bien del
otro. Protege nuestro amor y mantén sólido
nuestro matrimonio mientras ponemos nuestra
esperanza y nuestra confianza en ti.

Tratemos con el enojo

*«Si se enojan, no pequen». No dejen que
el sol se ponga estando aún enojados.*
EFESIOS 4.26

Dios, necesito tu ayuda para lidiar con mi enojo,
sea que simplemente me halle molesta, un poco
disgustada, o muy furiosa. Quiero manejar esta
sensación en maneras saludables. Ayúdame
a procesar mis emociones y a no dejar que se
enconen dentro de mí. Ayúdame a controlar mi
temperamento y a hablar con mayor tranquilidad
de lo que me molesta. Muéstrame cómo
entregarte mi enojo para así poder vivir en paz
con mi esposo.

Perdón mutuo

Abandonen toda amargura, ira y enojo,
gritos y calumnias, y toda forma de malicia.

EFESIOS 4.31

Padre, no sé por qué a veces nos cuesta tanto
perdonar. Necesitamos tu ayuda para deshacernos
de la amargura y la ira en nuestro matrimonio.
Ayúdanos a edificarnos uno al otro en vez de
derribarnos mutuamente... incluso cuando parece
que merecemos esto último. Muéstranos gracia.
Ayúdanos a perdonarnos y a ser bondadosos
y compasivos, porque sabemos que Cristo ya
perdonó a cada uno de nosotros.

Vivir en unidad

Siempre humildes y amables, pacientes, tolerantes
unos con otros en amor. Esfuércense por mantener la
unidad del Espíritu mediante el vínculo de la paz.

EFESIOS 4.2–3

Señor, te pido humildemente que estemos
identificados y fuertes como pareja. Que tus
cuerdas de paz, honor, respeto y amor nos
mantengan unidos tanto en los buenos tiempos
como durante los desafíos de nuestra vida marital.
A medida que nos relacionemos más contigo,
Señor, ayúdanos a estar más integrados uno con
el otro. Ayúdanos a ser pacientes, soportándonos
uno al otro en amor. Y ayúdanos a vivir en alegre
armonía.

Mejor comunicación

*Al vivir la verdad con amor, creceremos hasta ser en
todo como aquel que es la cabeza, es decir, Cristo.*
EFESIOS 4.15

Dios, gracias por mi maravilloso esposo. Lo
amo de veras, pero necesito más; necesito mejor
comunicación con él. Ayúdame a no tener miedo
de pedir lo que necesito emocionalmente. Oro
porque le hables al corazón, y porque él aprenda
a escuchar. Ayúdale a hacerme preguntas acerca
de mi vida, y a estar presente en la conversación.
Señor, ayúdanos a decir la verdad en amor
y a acercarnos más por medio de una mejor
comunicación.

Reanímanos, Señor

El que es generoso prospera;
el que reanima será reanimado.
PROVERBIOS 11.25

Padre, necesitamos una renovación en nuestro
matrimonio. Te pido que restaures la relación
en nuestras emociones y nuestra intimidad. La
vida diaria nos agota, y necesitamos pasar juntos
más tiempo para tener verdadera intimidad,
no solo familiaridad. Oro porque podamos
redescubrir el gozo de nuestro amor mutuo.
Anhelo volver a tomarnos las manos y a conectar
los corazones. Quítanos la prisa, Señor, para que
podamos observarnos uno al otro y nutrir nuestro
matrimonio.

Volver a encender el romance

¡Oh, si él me besara con besos de su boca!
Porque mejores son tus amores que el vino.

CANTARES 1.2 RVR60

Señor, te pido que vuelvas a encender el romance,
la química, en la relación con mi esposo. El fuego
del amor a veces pierde intensidad, y necesitamos
que arda de nuevo. Alimenta nuestra intimidad
con pasión y afecto restaurados del uno por el
otro. Ayúdanos a recordar los días en que con
gran ansiedad expresábamos: «¡Yo soy suya! ¡Él
es mío!» Y aunque nuestra relación ha madurado,
ayúdanos a encontrar siempre la cúspide de la
manifestación del amor mutuo.

Respeto mutuo

Esposas, sométanse a sus esposos,
como conviene en el Señor.

COLOSENSES 3.18

Dios, te pido que mi esposo y yo nos valoremos
recíprocamente. A medida que él me ame,
ayúdame a respetarlo. A medida que yo lo aprecie,
ayúdalo a demostrarme amor. Enséñanos a dar
y recibir en maneras que sean significativas para
cada uno de nosotros. Ayúdanos a ser mejores
oyentes y a buscar comprensión en nuestro
matrimonio. Señor, acércanos más a ti y uno al
otro.

Mis hijos

Ama a tus hijos

*Nosotros amamos a Dios
porque él nos amó primero.*

1 JUAN 4.19

Padre, gracias por amarme y habilitarme para
amar a otros. Ayúdame a amar a mis hijos con
palabras de afirmación y ánimo. Ayúdame a
que sea una prioridad darles mi tiempo y mi
atención, a escucharlos realmente para que se
sientan amados y apreciados. Te pido sabiduría
para disciplinarlos en amor, energía para jugar, y
capacidad para reír con mis hijos y disfrutarlos.
Gracias por ellos y por el amor que nos prodigas a
todos nosotros.

Ora por la salvación de tu hijo

«Les aseguro que quien no confía en Dios como lo hace un niño, no puede ser parte del reino de Dios». Jesús tomó en sus brazos a los niños y, poniendo sus manos sobre ellos, los bendijo.

MARCOS 10.15–16 TLA

Señor, te pido y oro en el nombre y poder de Jesús que plantes en el corazón de mi hijo una semilla para que anhele buscarte. Oro para que llegue a conocerte a temprana edad. Ayúdale a conocerte como Salvador y Señor, y a permanecer en la senda recta y estrecha que lleva a tu reino. Dale oídos para oír, ojos para ver, y un corazón para recibir tu amoroso regalo de salvación. Acerca mi hijo hacia ti, esa es mi oración.

La armadura de la protección de Dios

*Fortalézcanse con el gran poder del Señor. Pónganse
toda la armadura de Dios para que puedan
hacer frente a las artimañas del diablo.*

Efesios 6.10–11

Padre, gracias por tu protección sobre mis hijos.
Con toda la armadura de Dios, que ellos sean
fuertes en tu gran poder. Ayúdales a mantenerse
firmes, ceñidos con el cinturón de la verdad y
vestidos con la coraza de justicia, sabiendo que
están en rectitud contigo. Que el evangelio de
la paz sea como calzado en sus pies. Mientras
toman el escudo de la fe, dales el Espíritu Santo
para que tengan victoria sobre el mal. Que estén
completamente protegidos con el yelmo de la
salvación y la espada del Espíritu, la verdadera
Palabra de Dios.

Enséñales a orar

No lo ocultaremos a sus hijos, sino que contaremos
a la generación venidera las alabanzas del
SEÑOR, su poder y las maravillas que
hizo. Porque él estableció un testimonio en
Jacob, y puso una ley en Israel, la cual ordenó
a nuestros padres que enseñaran a sus hijos.
SALMOS 78.4–5 NBLH

Señor, te pido que me ayudes a ser un buen modelo para enseñar a orar a mis hijos. Como directora espiritual, dame poder para orar *por* ellos y *con* ellos. Que yo pueda ofrecer instrucción clara y ser un ejemplo continuo para que mis hijos puedan formar buenos hábitos de oración. Sé que no soy perfecta, pero estoy sometida a ti. Te pido que así como yo sigo tu ejemplo, ellos sigan el mío, y que sean personas de oración.

Enséñales a obedecer

Le contestó Jesús: «El que me ama, obedecerá
mi palabra, y mi Padre lo amará, y
haremos nuestra vivienda en él».

JUAN 14.23

Dios, ayuda a mis hijos a amarte y obedecerte,
y que al hacerlo nos obedezcan a mi esposo y
a mí. Ayúdales a experimentar el gozo de la
obediencia, sabiendo que eso te agrada y nos
agrada como padres, y que atrae bendición. A
medida que aprenden a obedecer, dales espíritus
colaboradores y no rebeldes. Y cuando fallen, y
no quieran obedecer, dame por favor paciencia y
discernimiento para saber cómo disciplinarlos con
amor.

Oración por un recién nacido

*Tú me sacaste del vientre materno; me hiciste
reposar confiado en el regazo de mi madre. Fui
puesto a tu cuidado desde antes de nacer; desde
el vientre de mi madre mi Dios eres tú.*

SALMOS 22.9–10

Señor, pedí por este hijo, y me concediste mi
súplica. Te agradezco por el milagro de esta nueva
vida. Pido tu bendición sobre nuestro precioso
bebé. Oro por la protección y la seguridad de esta
criatura. Que nuestro hijo crezca fuerte y sano en
mente, alma y espíritu. Derrama tu amor y afecto
sobre nosotros, y ayúdanos a proporcionar ese
mismo esmero y sustento en la vida de nuestro
niño. Te lo encomendamos, Señor. Bendícelo por
favor.

Oración por hijos que están en crecimiento

Crezcan en la gracia y en el conocimiento de nuestro Señor y Salvador Jesucristo. ¡A él sea la gloria ahora y para siempre! Amén.
2 PEDRO 3.18

Padre, a medida que nuestros hijos maduran, oro porque lleguen a conocerte personalmente y porque crezcan en tu gracia y conocimiento. Que traigas gloria a tu nombre mientras los ayudamos a crecer. Protégelos y mantenlos bajo tu tierno cuidado a medida que eligen amistades y aprenden a tomar decisiones por sí mismos. Dales sed por ti. Infúndeles deseos de orar. Ayúdales a ser agradecidos y a tener corazón generoso.

Oración por adolescentes

*Así dice el Señor: «No tengan miedo ni se
acobarden cuando vean ese gran ejército,
porque la batalla no es de ustedes sino mía».*

2 CRÓNICAS 20.15

Señor, te pido sabiduría y paciencia durante los
años de adolescencia de mis hijos. A medida que
surcan aguas nuevas de crecimiento, reemplázales
la confusión con una clara manera de pensar.
Oro que tengan dominio propio y sabiduría para
que sus compañeros no influyan en ellos. Dales
pasión por ti y dirección para sus vidas. Que estén
siempre motivados y sean sinceros. Ayúdame a
relacionarme con mis hijos en esta edad y a tratar
de comprender su mundo. Gracias porque la
batalla no es mía sino tuya, Señor.

Por el futuro cónyuge de mi hijo

No despertarán el amor hasta que
llegue el momento apropiado.
CANTARES 2.7 NTV

Dios, oro hoy día por los futuros cónyuges de mis hijos. Aunque ahora solo son chiquillos, oro por los consortes que un día se convertirán en sus esposos o esposas. Guárdalos puros y ayúdales a esperar por el amor. Trae a las vidas de mis hijos cónyuges piadosos, amorosos y comprensivos. Oro por compañeros adecuados para cada uno, que busquen servirse uno al otro y vivir en armonía. Oro que busquen tu voluntad y tu tiempo en estas importantes decisiones de vida.

Oración por un hijo rebelde

*¡Oigan, cielos! ¡Escucha, tierra! Así dice
el Señor: «Yo crié hijos hasta hacerlos
hombres, pero ellos se rebelaron contra mí».*

ISAÍAS 1.2

Por favor, Señor, oye la oración que te ofrezco
hoy pidiendo ayuda. Necesito tu gran poder en
la vida de mi hijo. Oro contra la desobediencia y
la rebeldía, y te pido que este hijo rebelde vuelva
a mostrar obediencia tanto a ti como a mí. Oh,
Dios, te necesito. Habla a mi hijo pródigo y ten
misericordia. Pido tu restauración y tu perdón a
medida que tu compasivo amor revive el corazón
de este muchacho. Tráelo de vuelta a ti y a nuestra
familia.

Mi casa

Un cimiento sólido

*Por tanto, todo el que me oye estas palabras
y las pone en práctica es como un hombre
prudente que construyó su casa sobre la roca.*

MATEO 7.24

Señor, vengo ante ti para pedirte que establezcas
nuestro hogar sobre la roca sólida de tu amor. Por
favor, sé nuestra piedra angular. Oro que nuestra
familia esté enraizada en amor, cimentada en
gracia y sea rica en respeto de unos por otros.
Ayúdanos a ser una familia que llegue hasta ti;
a ser una familia que se preocupe por brindar
apoyo mutuo y que se extienda hacia el mundo
que nos rodea. Que permanezcamos firmes como
una familia edificada sobre un fundamento de
verdadera fe.

Un lugar de amor y respeto

Den a todos el debido respeto: amen a los
hermanos, teman a Dios, respeten al rey.

1 PEDRO 2.17

Dios, que nuestro hogar sea un lugar en que nos
mostremos amor y respeto. Ayúdanos a apreciar
a cada miembro de nuestra familia y a todos
los que recibamos en nuestra casa. Quizás no
siempre estemos de acuerdo, y podríamos tener
opiniones distintas. No obstante, oro porque
extendamos bondad a otros y tratemos de verlos
como personas importantes, dignas y valiosas.
Decidimos honrar a otros en nuestra casa porque
así te honramos a ti.

Vida en armonía

*No dejaban de reunirse en el templo ni un solo
día. De casa en casa partían el pan y compartían
la comida con alegría y generosidad.*

HECHOS 2.46

Padre, que nuestro hogar sea un lugar de armonía.
Que la alegría y la sinceridad sean características
aquí al compartir alimentos, divertirnos, vivir,
reír y jugar juntos como familia. Oro en contra
de discordias y peleas, y pido paz. Otórganos
a cada uno de nosotros un espíritu agradable.
Cuando vengan los desafíos de la vida, ayúdanos
a amarnos y apoyarnos con empatía, bondad y
amor.

Un lugar seguro

Mi pueblo vivirá en un lugar tranquilo y seguro.
ISAÍAS 32.18 TLA

Señor, te pido que seas nuestra fuerte defensa y que protejas nuestro hogar. Que este sea un lugar de seguridad, consuelo y paz. Protégenos de fuerzas externas y de ataques dañinos desde el interior. Oro porque el Espíritu Santo ponga un cerco de protección alrededor de nuestra casa y familia. Señor, te miramos como nuestro refugio, nuestra fortaleza, y nuestra seguridad.

Una familia que ora junta

*Él y toda su familia eran devotos y temerosos de
Dios. Realizaba muchas obras de beneficencia para
el pueblo de Israel y oraba a Dios constantemente.*

HECHOS 10.2

Dios, deseo que nuestra familia ore junta más
a menudo. Necesitamos ponerte primero a ti
porque eres fuente de vida, y porque eres digno
de nuestros primeros frutos en cuanto a tiempo y
atención. Ayúdanos a que pasar tiempo contigo
sea una prioridad. Oro para que al buscarte nos
acerquemos más a ti, y también unos a otros. Creo
que tienes mucho más para nosotros. Pido tu
bendición a medida que intentamos honrarte de
este modo.

Celebraciones familiares

*Toda familia, y cada provincia y ciudad,
debía recordar y celebrar estos días en cada
generación. Y estos días de Purim no debían
dejar de festejarse entre los judíos, ni debía
morir su recuerdo entre sus descendientes.*

ESTER 9.28

Padre, gracias por el gozo de la celebración.
Ayúdanos a ser una familia que recuerde y se
reúna, no solo en cumpleaños y días festivos sino
hasta para celebrar las pequeñas bendiciones de
la vida. Mientras reímos y jugamos, comemos
y bebemos, y cuando nos desafiamos y nos
animamos, mostramos gratitud por todo lo
que has hecho en nuestras vidas. Permite
que tengamos buenos recuerdos de nuestras
celebraciones familiares.

La administración del hogar

Está atenta a la marcha de su hogar,
y el pan que come no es fruto del ocio.
PROVERBIOS 31.27

Señor, gracias por la sabiduría que me das cada
día para velar por los asuntos de mi casa. Dame
energía para realizar mi trabajo y mantener mi
hogar organizado y funcionando sin problemas.
Ayúdame a ser buena administradora del tiempo
y a estar centrada en tus propósitos. Debo hacer
mis tareas, pero también deseo fomentar y cuidar
mis relaciones. Dame poder, Señor. Ayúdanos
para que nuestro hogar sea un lugar de orden, paz
y gozo.

Servirse unos a otros con amor

Les hablo así, hermanos, porque ustedes han sido
llamados a ser libres; pero no se valgan de esa
libertad para dar rienda suelta a sus pasiones.
Más bien sírvanse unos a otros con amor.

GÁLATAS 5.13

Dios, enséñanos a servirnos unos a otros. Sea que
yo esté preparando la cena, o que mi hija esté
ayudando a su hermana a limpiar el jardín, o que
mi esposo y mi hijo estén sacando la basura, que
cada uno de nosotros tenga los motivos correctos.
Ayúdanos a ser amorosos y alentadores mientras
ayudamos a otros. Permite que estemos más
conscientes de las necesidades de los demás, y a
hallar deleite en aligerarles las cargas. Ayúdanos a
servir con un corazón de amor y gratitud.

Hospitalidad

Ayuden a los hermanos necesitados.
Practiquen la hospitalidad.
ROMANOS 12.13

Padre, te agradezco por mi hogar. Muestra
a mi corazón oportunidades de abrir esta
casa a los demás. Deseo compartir lo que
me has proporcionado. Mientras practico la
hospitalidad, que tu amor brille en cada área de
mi vida. Sin querer comparar mi casa con las de
otras personas, te agradezco por la que tengo.
Agradezco que tu Espíritu esté aquí presente.
Dame un corazón generoso y franco, y usa mi
hogar para tus buenos propósitos.

Mi salud

Por buena salud

*Díganle: «¡Que tengan salud y paz tú y
tu familia, y todo lo que te pertenece!»*
1 SAMUEL 25.6

Señor, gracias por mi buena salud. Es una
bendición. Oro porque tu poder me sustente
mientras cuido de mí misma alimentándome
bien, tomando suficiente agua, y haciendo
del movimiento y el ejercicio parte de mi
vida cotidiana. Dame el dominio propio y
la motivación que necesito a fin de tomar
decisiones sabias para apoyar la salud de mi
mente, mi espíritu y mi cuerpo. Te pido por favor
que me protejas de lesiones y enfermedades, y
que me mantengas a salvo.

Por una actitud positiva

*Una mirada radiante alegra el corazón,
y las buenas noticias renuevan las fuerzas.*

PROVERBIOS 15.30

Dios, aspiro a una visión más alegre de la vida.
Oro por una disposición esperanzadora. Cuando
tiendo hacia la negatividad y el cinismo, sé que
tú puedes sanarme. Ayúdame por favor a vivir
con verdadera alegría, y no solo con una sonrisa
fingida. A medida que paso más tiempo contigo,
que tu gozo fluya a través de mí. Además, Señor,
permite que yo lleve alegría a los corazones de
otros.

Salud espiritual

El Señor es mi pastor, nada me falta; en verdes pastos me hace descansar. Junto a tranquilas aguas me conduce; me infunde nuevas fuerzas. Me guía por sendas de justicia por amor a su nombre. Aun si voy por valles tenebrosos, no temo peligro alguno porque tú estás a mi lado; tu vara de pastor me reconforta. Dispones ante mí un banquete en presencia de mis enemigos. Has ungido con perfume mi cabeza; has llenado mi copa a rebosar. La bondad y el amor me seguirán todos los días de mi vida; y en la casa del Señor habitaré para siempre.

Salmos 23

Dios, necesito tus momentos de refrigerio en mi vida. Pan del cielo, a medida que nutres mi cuerpo con comida, alimenta mi alma con tus palabras de consuelo y vida. Que yo esté llena de tu bondad, amor y gozo sanadores. Te alabo, Padre, por proveerme verdes pastos, lugares para descansar y relajarme en el Espíritu. Por favor, aquieta mi corazón y sé el restaurador de mi alma.

Cómo deshacerse del estrés

Depositen en él toda ansiedad,
porque él cuida de ustedes.
1 PEDRO 5.7

Señor, ayúdame a encontrar alivio del estrés en mi
vida. Necesito apreciar el descanso y sacar tiempo
para relajarme, y preciso tu poder para hacerlo.
Deposito mis ansiedades en ti, quien lleva mis
cargas. Ayúdame a tratar con las relaciones
dañinas en mi vida. Dame fortaleza para decir
no cuando necesito mejores límites emocionales.
Ayúdame por favor a encontrar gozo nuevamente
en lo que me gusta hacer: relajarme con música,
salir a caminar, llamar a una amiga, o aprender un
nuevo pasatiempo. Tranquilízame y renuévame,
Señor.

Descanso para los agobiados

*Vengan a mí todos ustedes que están cansados y
agobiados, y yo les daré descanso. Carguen con
mi yugo y aprendan de mí, pues yo soy apacible y
humilde de corazón, y encontrarán descanso para su
alma. Porque mi yugo es suave y mi carga es liviana.*
MATEO 11.28–30

Dios, necesito descanso. Estoy exhausta y
fatigada. Oro porque pueda dormir bien en la
noche. Te pido más energía durante la jornada
y un espíritu más vibrante. Aligera mi carga
para que pueda tener un mejor equilibrio entre
el trabajo, el ministerio y la vida hogareña.
Revitalízame, Señor. Mientras me relajo en
espíritu y cuerpo, lléname por favor de paz y
tranquilidad.

Comer bien

¡Anda, come tu pan con alegría! ¡Bebe tu vino con buen ánimo, que Dios ya se ha agradado de tus obras!
<small>ECLESIASTÉS 9.7</small>

Señor, gracias por llenar la tierra con abundante comida. Te alabo por la variedad de frutas, vegetales, proteínas y carbohidratos que provees para sustentar la vida. Ayúdame a que prime en mí consumir una mezcla nutritiva de alimentos, tomar suficiente agua, y no excederme con comida chatarra. Te pido tiempo para comprar y preparar alimentos balanceados. Ayúdame por favor a disponer de comida que sea saludable y de buen sabor, y a tener el deseo de ingerirla con moderación.

Cómo mantener activa la mente

Debemos mantenernos alerta y vivir correctamente,
y no tan despreocupados como viven algunos.
1 Tesalonicenses 5.6 tla

Dios, quiero mantener la mente sana y activa.
Dame sabiduría concerniente a lo que dejo
entrar en mi mente. Debo alimentarla con las
cosas adecuadas para que yo esté alerta y serena.
Protégeme de basura que contamina la mente a
través de la televisión o el cine. Ábreme la mente
a actividades saludables que desafíen mi manera
de pensar, que desarrollen buenos pensamientos, y
que me ayuden a ser una persona más sabia y más
piadosa.

Oración por sanidad

*Esto sucedió para que se cumpliera lo que anunció
el profeta Isaías, cuando dijo: «Él tomó nuestras
debilidades y cargó con nuestras enfermedades».*
MATEO 8.17 DHH

Padre Dios, mi sanador, te pido en el nombre de
Jesús que alivies hoy la herida o enfermedad que
padezco. Por tus heridas, Señor, tengo sanidad.
Te pido que alivies mi dolor y mi sufrimiento.
Muestra a los médicos cómo ayudarme
mejor. Tócame con tu poder y tu presencia.
Humildemente te ruego que alivies mi condición
de salud. Y si decides no hacerlo, Señor, ayúdame
a alabarte de todos modos, buscando el buen
propósito que tienes en mi vida. Que se haga tu
voluntad, Padre.

Cómo vivir con dolor

*¡Grande eres, nuestro Dios, y mereces
nuestras alabanzas! ¡Tanta es tu
grandeza que no podemos comprenderla!*
SALMOS 145.3 TLA

Señor, decido alabarte en medio de este
sufrimiento. Eres grande, y no hay nadie digno de
tu honra y gloria. «¡Devuélveme la salud, dame
salvación! Así viviré feliz y en paz» (Jeremías
17.14 TLA). Te entrego este malestar, y en el
nombre y el poder de Jesús te pido que te lo
lleves. Ayúdame a sanar por completo de mi
herida. Que mi corazón solamente sienta el
consuelo y el bálsamo sanador de tu presencia.

Cuando no llega la sanidad

*Tengo por cierto que las aflicciones del tiempo presente
no son comparables con la gloria venidera que en
nosotros ha de manifestarse. ... Sabemos que a los que
aman a Dios, todas las cosas les ayudan a bien, esto
es, a los que conforme a su propósito son llamados.*
ROMANOS 8.18, 28 RVR60

Señor, he orado, y no recibo sanidad. Es difícil
saber por qué no sanas cuando es claro que
tienes el poder para hacerlo. Ayúdame por favor
a no enfocarme en mi sufrimiento actual, sino
en transformar mis actitudes. Que yo pueda
deleitarme en la gloria que será manifestada en
mí a través de esto y, finalmente, cuando esté
contigo en el cielo. No comprendo mi situación,
pero elijo alabarte de todos modos. Dame la paz,
el consuelo y la seguridad de que todo, incluso
esto, será para mi bien y para tu gloria.

Mi gozo

Cómo hallar Fortaleza

*Ya pueden irse. Coman bien, tomen bebidas
dulces y compartan su comida con quienes
no tengan nada, porque este día ha sido
consagrado a nuestro Señor. No estén tristes,
pues el gozo del Señor es nuestra fortaleza.*

NEHEMÍAS 8.10

Dios, estoy cansada y fatigada. Infunde otra vez
energía y gozo a mi vida. Gracias por ser mi
fortaleza y mi delicia. No tengo que buscar una
copa de helado ni las felicitaciones de alguien
para llenar mi interior. Tú eres mi fuente de
vida continua y estable; eres quien me llena.
Susténtame, Señor, con el poder de tu amor para
que yo pueda vivir fresca y renovada.

Gozo a pesar de los sufrimientos

Hermanos míos, considérense muy dichosos cuando tengan que enfrentarse con diversas pruebas, pues ya saben que la prueba de su fe produce constancia. Y la constancia debe llevar a feliz término la obra, para que sean perfectos e íntegros, sin que les falte nada. Si a alguno de ustedes le falta sabiduría, pídasela a Dios, y él se la dará, pues Dios da a todos generosamente sin menospreciar a nadie.

SANTIAGO 1.2–5

Señor, parece extraño considerar a las pruebas como algo que traiga dicha. Pero oro porque los desafíos en mi vida, estos tiempos de prueba, me lleven a una mayor perseverancia. Que esa perseverancia concluya su obra para que yo me muestre madura y cabal, y en camino hacia la plenitud. Te pido sabiduría y que me brindes perspectiva mientras busco gozo en los desafíos de la vida y espero los tiempos mejores que vendrán a mi camino.

Alegres en la esperanza

*Alégrense en la esperanza, muestren paciencia
en el sufrimiento, perseveren en la oración.*

ROMANOS 12.12

Padre, gracias por brindarme esperanza. No sé
dónde estaría sin ti. No sé lo que depara el futuro,
pero me das capacidad para estar gozosa mientras
espero, aunque no entienda muchas cosas.
Ayúdame por favor a tener una actitud positiva y
a vivir con una predisposición mental de paciencia
y valor mientras cumples tu voluntad en mi vida.
Ayúdame a permanecer fiel en oración, Señor, y
totalmente comprometida contigo.

Gozo en la protección de Dios

Que se alegren todos los que en ti buscan refugio;
¡que canten siempre jubilosos! Extiende tu protección,
y que en ti se regocijen todos los que aman tu nombre.

SALMOS 5.11

Señor, cúbreme por favor. Protégeme de mis
enemigos: el temor y la duda, la preocupación y
la lógica humana. Intento solucionarlo todo, pero
termino confundida y cansada. Permíteme reposar
en el consuelo de tu amor y en la seguridad de tu
protección. Aquí, morando en ti, estoy segura y
feliz. Extiende tu consuelo sobre mí mientras me
regocijo en ti. Eres mi alegría y mi protección,
Señor.

Alegría verdadera y perdurable

*En el reino de Dios no importa lo que se come ni
lo que se bebe. Más bien, lo que importa es hacer
el bien, y vivir en paz y con alegría. Y todo esto
puede hacerse por medio del Espíritu Santo.*

ROMANOS 14.17 TLA

Dios, estoy tan cansada de imitaciones. La
gente finge ser algo que no es. La comida está
condimentada con ingredientes artificiales. Hoy
día es difícil darse cuenta qué es falso y qué es
auténtico. Cuando de gozo se trata, quiero lo
verdadero. Derrama en mi vida tu gozo genuino y
eterno. Necesito más de ti, Señor. Te pido justicia,
paz y alegría en el Espíritu Santo. Lléname, por
favor.

Gozo en la presencia del Señor

Me hiciste conocer los caminos de la vida;
me llenarás de gozo con tu presencia.
HECHOS 2.28 RVR60

Padre, acércame a ti. En tu presencia hay plenitud
de gozo… y deseo estar llena. Saber que me amas
me hace sentir feliz; no puedo imaginar la vida
sin ti. Contigo hay luz; tinieblas sin ti. Contigo
hay placer; sin ti, dolor. Tú proteges y consuelas;
escuchas de veras. Aquí, en tu presencia, soy
amada, me renuevo, y soy muy feliz.

La obediencia lleva al gozo

*Así como el Padre me ha amado a mí, también
yo los he amado a ustedes. Permanezcan en
mi amor. Si obedecen mis mandamientos,
permanecerán en mi amor, así como yo he obedecido
los mandamientos de mi Padre y permanezco
en su amor. Les he dicho esto para que tengan
mi alegría y así su alegría sea completa.*

JUAN 15.9–11

Señor, tu Palabra dice que si obedecemos tus
mandamientos permaneceremos en tu amor.
Quiero servirte con un corazón obediente, sin
rebeldía. Así como Jesús se somete a ti, Padre,
decido también someterme a ti. La obediencia
conduce a la bendición. Dame poder, anímame
y concédeme la voluntad para querer tomar
decisiones correctas, decisiones que me lleven a
una vida mejor y a un gozo mayor.

Tu premio llegará

También nosotros, que estamos rodeados de una multitud tan grande de testigos, despojémonos del lastre que nos estorba, en especial del pecado que nos asedia, y corramos con perseverancia la carrera que tenemos por delante. Fijemos la mirada en Jesús, el iniciador y perfeccionador de nuestra fe, quien por el gozo que le esperaba, soportó la cruz [...]. Así, pues, consideren a aquel que perseveró frente a tanta oposición por parte de los pecadores, para que no se cansen ni pierdan el ánimo.

HEBREOS 12.1–3

Dios, a veces me siento agotada y cansada. Trabajo duro; trato de hacer lo correcto. Pero pierdo el enfoque. Ayúdame a fijar mi mirada en *tu* poder y no en *mis* circunstancias. Levántame y ayúdame a recordar el gozo venidero de la recompensa. Te pido perseverancia mientras pienso en la dicha del premio: Estaré contigo para siempre en el cielo. Libre de sufrimiento, llena de gozo. Refréscame, oh Señor.

La alegría de conocer a Jesús

Devuélveme la alegría de tu salvación;
que un espíritu obediente me sostenga.

SALMOS 51.12

Jesús, ¡conocerte me produce alegría! Estoy feliz
de ser salva y estar en camino al cielo. Gracias
por la vida abundante que provees. Puedo sonreír
porque sé que me amas. Puedo ser positiva
porque tú tienes el poder de sanar, restaurar y
reanimar. Tu presencia me trae gozo… el solo
hecho de estar contigo es ya un privilegio. Eres
extraordinario, y me deleito en conocerte y en
hablar a otros de ti.

Mi paz

Sé un pacificador

Bienaventurados los pacificadores,
porque ellos serán llamados hijos de Dios.
MATEO 5.9 RVR60

Señor, hazme un instrumento de tu paz. En vez de martillo de juicio, que yo sea un bálsamo de amor. En lugar de mostrarme amargada y resentida, ayúdame a perdonar rápidamente. Cuando la duda trastorne mis emociones, nivélame con fe. Cuando no pueda hallar una respuesta, hazme conocer tu gran esperanza. Cuando no pueda ver el camino, trae tu luz a mi oscuridad. Cuando me sienta triste, tráeme gozo. Señor, déjame recibir todas estas cosas y así poder consolar a otros y ser una pacificadora. (Inspirado en la oración de San Francisco de Asís.)

Jesús, Príncipe de paz

Nos ha nacido un niño, se nos ha concedido un hijo; la soberanía reposará sobre sus hombros, y se le darán estos nombres: Consejero admirable, Dios fuerte, Padre eterno, Príncipe de paz.

Señor, gracias porque puedo tener un espíritu apacible… porque eres el Príncipe de paz. Tu nombre, Jesús, tiene la autoridad para hacer huir al temor y la preocupación. ¡Tu nombre tiene poder! Se te llama Consejero admirable porque libremente das sabiduría y guía. Eres el Dios fuerte, aquel que hizo el mundo entero y mantiene todo en marcha. Mi Padre eterno, es tu amor y compasión lo que me sustenta. Mi Príncipe de paz, te adoro y te honro.

Aquieta mi corazón ansioso

No se inquieten por nada; más bien, en toda
ocasión, con oración y ruego, presenten sus
peticiones a Dios y denle gracias. Y la paz de Dios,
que sobrepasa todo entendimiento, cuidará sus
corazones y sus pensamientos en Cristo Jesús.

FILIPENSES 4.6–7

Padre, no quiero inquietarme por nada, pero a
menudo lo estoy. Gracias porque me entiendes.
Ahora mismo me libero de mis cargas y
preocupaciones y te las entrego. Te cedo mi
corazón cargado y mis frenéticas emociones. Te
pido que me calmes, a pesar de todo lo que está
sucediendo en mi vida. A medida que mantengo
mis pensamientos, acciones y actitudes centrados
en Jesús, tu paz viene. Gracias por tu paz que se
asienta sobre mí cuando no comprendo lo que
sucede.

Cómo hallar contentamiento

*Gran ganancia es la piedad
acompañada de contentamiento.*
1 Timoteo 6.6 rvr60

Dios, ayúdame por favor a encontrar mi contentamiento en ti. No quiero que me definan por lo que tengo o lo que hago. Que mi mayor felicidad en la vida radique en saber quién eres y quién soy en Cristo. Ayúdame a atesorar las cosas sencillas de la vida, aquellas que me traen paz. Con tu gracia descanso segura. Igual que María, opto por sentarme a tus pies. Tú, Señor, eres mi satisfacción.

La paz que produce vida

La mente tranquila es salud para el cuerpo,
pero la envidia causa enfermedades.

PROVERBIOS 14.30 PDT

Padre, te agradezco por la paz que me restaura mental, emocional y físicamente. Esta paz trae plenitud. Cuando mi corazón está inquieto, mi salud se resiente. Pero cuando estoy en paz, tú restauras todo mi cuerpo. Puedo respirar mejor, relajarme, y volver a sonreír porque sé que todo va a salir bien. Tú estás en control. Gracias porque tu paz engendra vida.

La sabiduría de la paz

La sabiduría de lo alto es primeramente pura,
después pacífica, amable, condescendiente
(tolerante), llena de misericordia y de buenos
frutos, sin vacilación, sin hipocresía. Y la
semilla cuyo fruto es la justicia se siembra
en paz por aquellos que hacen la paz.

SANTIAGO 3.17–18 LBLA

Señor, siembra por favor tu sabiduría en mí igual
que semillas en la tierra. Cada una es un regalo
del cielo. Ayúdame a cultivarlas y a aprender
a seguir tus caminos. Esas semillas son puras,
amantes de la paz, consideradas, sumisas, llenas de
misericordia y buen fruto, imparciales, y sinceras.
Que yo sea una persona que siembra en paz y
consiga una cosecha de justicia. A medida que
busco crecer en tu Palabra, enséñame a meditar
en ella y aplicarla a mi vida.

¿Dónde se encuentra la paz?

El reino de Dios no es comida ni bebida,
sino justicia y paz y gozo en el Espíritu Santo.
Porque el que de esta manera sirve a Cristo,
es aceptable a Dios y aprobado por los hombres.

ROMANOS 14.17–18 LBLA

Señor, todo el mundo está buscando paz. Algunos viajan a otras naciones o procuran filosofías alternativas y estilos de vida para encontrar una tranquilidad interior. Hay quienes creen que la comida o el vino satisfarán el vacío en el corazón que solo tú puedes llenar. Pero tu Palabra nos dice que no es lo que comemos o bebemos lo que produce satisfacción perdurable. Que yo halle paz y gozo en tu Espíritu Santo, Señor. La verdadera paz es conocerte, amarte y experimentarte. Gracias, Señor.

Enfócate en Dios,
no en las circunstancias

Tú guardarás en completa paz a aquel cuyo
pensamiento en ti persevera; porque en ti ha confiado.
ISAÍAS 26.3 RVR60

Dios, muchas veces parece como si un ladrón
estuviera tratando de robarme la paz. Mis
circunstancias pueden ser abrumadoras… y me
afectan. No quiero que me sustraigan la felicidad
y la estabilidad emocional. Te pido que me
mantengas en perfecta paz a medida que opto por
poner mis ojos en ti y no en mis problemas. Que
mi mente permanezca estable, sin aceleramientos.
Que mi corazón confíe en que me verás a través
de él.

Paz como la de un río

¡Oh, si hubieras atendido a mis mandamientos!
Fuera entonces tu paz como un río, y tu
justicia como las ondas del mar.
Isaías 48.18 rvr60

Señor, necesito que tu río de vida fluya hoy
a través de mí. Lava mis preocupaciones y
ayúdame a continuar mientras aprendo a «ir con
la corriente» de tu voluntad. Calma mi corazón
inquieto con la grandeza de tu creación. Me
puedo imaginar recorriendo una playa arenosa,
mientras la niebla del océano y la rítmica música
de las olas revelan tu esplendor. Aprecio todo
lo que has hecho. Gracias por la paz que trae tu
creación.

No como la da el mundo

*La paz les dejo; mi paz les doy. Yo no
se la doy a ustedes como la da el mundo.
No se angustien ni se acobarden.*

JUAN 14.27

Señor, tu paz es diferente a cualquier cosa que el
mundo ofrezca. No es necesario actualizarme a un
modelo nuevo cada año… y no hay un programa
«Paz 5.0» para descargar. Poseo la única versión
que necesito cuando tengo tu paz, sea que se trate
de un tranquilo sosiego, una apacible calma, o el
conocimiento interno de que todo va a salir bien.
Valoro mi buena relación contigo y la armonía
que esto trae a mis demás relaciones. Tu paz es
real y duradera, y nunca me será quitada.

Mis temores

Sin dudar

*Pero que pida con fe, sin dudar, porque quien
duda es como las olas del mar, agitadas y
llevadas de un lado a otro por el viento.*

SANTIAGO 1.6

Señor, rescátame del mar de dudas y temor. He
vivido con incertidumbre y sospecha por mucho
tiempo. No quiero ser como una ola del océano
que es agitada y llevada por el viento. Te pido que
aquietes mis emociones tormentosas y me ayudes
a creer que cuidarás de mí. Cuando esté tentada
a ser cínica, ayúdame a optar por alejarme del
temor y acercarme a la fe.

Luz en mis tinieblas

El Señor es mi luz y mi salvación;
¿a quién temeré? El Señor es el baluarte
de mi vida; ¿quién podrá amedrentarme?
SALMOS 27.1

Dios, a menudo siento miedo. En los tiempos tenebrosos y desafiantes de mi vida no siempre logro ver el camino. No sé qué hacer o a dónde ir. ¡Pero tú eres luz! Agradezco que puedas ver en la oscuridad, la cual es como luz para ti, por tanto no debo temer. Cuando mis enemigos tratan de arruinar mi existencia, no tienen oportunidad alguna, Señor. Tú me salvas. Pase lo que pase, estaré confiada en ti.

Dios te fortalece

Así que no temas, porque yo estoy contigo; no te
angusties, porque yo soy tu Dios. Te fortaleceré y te
ayudaré; te sostendré con mi diestra victoriosa.

ISAÍAS 41.10

Padre, necesito tus fuerzas. Más fuerte que el
acero, tu carácter es tan sólido que no tengo
por qué temer. Tú estás conmigo, y eso significa
todo para mí. Puedo alegrarme pues tu gozo está
conmigo. Con tu diestra victoriosa me fortaleces,
me ayudas, me liberas y me sostienes. Mientras
me tomas de la mano y me dices: «No temas, yo
te ayudaré», sonrío en agradecimiento.

Dios te salvará

Fortalezcan las manos débiles, afirmen las rodillas temblorosas; digan a los de corazón temeroso: «Sean fuertes, no tengan miedo. Su Dios vendrá, vendrá con venganza; con retribución divina vendrá a salvarlos».

Isaías 35.3–4

Señor, afiánzame. Fortalece el músculo emocional de mi corazón para así no estar tan temerosa todo el tiempo. Quiero ser más fuerte. Deseo tener más fe. Decido creer en Aquel que lo sabe todo y que tiene el poder para cambiar corazones y vidas. Mi Dios vendrá. Mi Dios me salvará y se encargará de quienes me lastiman. Observo lo que pasa alrededor y pido tu justicia, Señor.

Dios es más que capaz

*Sé en quién he creído, y estoy seguro de que tiene poder
para guardar hasta aquel día lo que le he confiado.*

2 TIMOTEO 1.12

Dios, estoy muy agradecida por conocerte, y
cada día aprendo más acerca de tu carácter. Eres
santo, soberano, justo y recto. Eres amoroso, fiel
y siempre bueno. Puedo sentir más paz cuando
conozco a Aquel en quien creo, y tengo una fuerte
convicción de que él está dispuesto a ayudarme y
que puede hacerlo. ¡Tú *quieres* ayudarme! Sé que
mi Dios cuidará de mí. Gracias, Señor.

Poder divino para conquistar el temor

Te he dejado con vida precisamente para mostrarte mi poder, y para que mi nombre sea proclamado por toda la tierra.

ÉXODO 9.16

Señor, nunca cedes a la derrota. Eres un fuerte conquistador del pecado y la maldad. Necesito tu autoridad e influencia para erradicar el miedo de mi vida. Tú llamaste a Moisés para que guiara a los israelitas de la esclavitud a la libertad. Sácame de mi esclavitud personal a fin de poder caminar en libertad y paz. Muestra tu poder en mi vida y permite que tu nombre sea levantado. Te doy todo el crédito, Señor; te ruego que todo el mundo sepa lo que has hecho para cambiarme.

Libre del temor

Ustedes no recibieron un espíritu que de nuevo los
esclavice al miedo, sino el Espíritu que los adopta
como hijos y les permite clamar: «¡Abba! ¡Padre!»
ROMANOS 8.15

Padre, te pido en el nombre de Jesús que me
liberes del temor. ¡Que se vaya la duda! ¡Que huya
el cinismo! En lugar de un espíritu que me vuelva
a esclavizar al miedo, he recibido el Espíritu de
hijo, o de hija, en mi caso. Abba, Padre, rescátame
del terror, del temor y de la terrible anticipación
de aquello que me asusta. No puedo hacer esto
por cuenta propia. Libérame, Señor, dame tu
libertad y paz.

Dios es tu consuelo

[El Señor] me infunde nuevas fuerzas. Me guía por sendas de justicia por amor a su nombre. Aun si voy por valles tenebrosos, no temo peligro alguno porque tú estás a mi lado; tu vara de pastor me reconforta.

SALMOS 23.3–4

Padre, no hay nadie como tú. Cuando estoy triste, eres mi consuelo. Tu sosegada presencia me restaura el alma. Tus palabras son como agua fresca y refrescante a mi espíritu. A pesar de mi confusión, me guías por sendas de justicia, y todo esto es para tu gloria. Aunque me sienta perdida en medio de un valle tenebroso, no temeré, porque tú estás conmigo. Tu apacible fortaleza y tu divina autoridad me consuelan.

A salvo en medio del peligro

En el día de la aflicción él me resguardará en
su morada; al amparo de su tabernáculo me
protegerá, y me pondrá en alto, sobre una roca.
SALMOS 27.5

Dios, necesito tu protección. Mantenme a salvo
en tu morada. Protégeme de mis enemigos en tu
tabernáculo seguro. Consuélame con tu cálido
manto de paz y amor. Estoy segura contigo, y en
tu protección y tu presencia puedo pasar de ser
temerosa a mostrarme audaz, de sentirme tímida
a vivir confiada. Aquí, Señor, estoy a salvo del
peligro.

Mi trabajo

Gracias por mi trabajo

Cuán bueno, Señor, es darte gracias y entonar,
oh Altísimo, salmos a tu nombre.

SALMOS 92.1

Señor, te alabo y te agradezco por mi trabajo.
Estás lleno de bondad y gracia. Mi ocupación
me brinda la capacidad de formar vidas e influir
cada día en la gente en maneras positivas,
sea dedicando tiempo a enseñar a mis hijos o
prestando oídos a alguien en mi lugar de trabajo.
Gracias por mi empleo y por la habilidad de ser
«misionera» dondequiera que pisen mis pies.
Sazona mis palabras para que otros puedan
probar y ver que mi Señor es bueno.

La voluntad de Dios para mi vida

Yo sé muy bien los planes que tengo para
ustedes —afirma el Señor—, planes de
bienestar y no de calamidad, a fin de
darles un futuro y una esperanza.

Señor, necesito sabiduría y guía en mi vida
laboral. Muéstrame por favor si esta es la
profesión en que debo estar ahora o si debería
cambiar y encontrar otro empleo. Quiero usar mis
destrezas y capacidades, así como mis intereses,
para tu gloria. Cuando me sienta subutilizada
y ansíe algo más, revélame dónde pueda servir
mejor en la siguiente etapa de mi vida.

Trabajar con excelencia

Pon en manos del Señor todas tus obras,
y tus proyectos se cumplirán.
PROVERBIOS 16.3

Señor, tú me das trabajo para realizar cada día.
Sea en casa o en el mercado, ayúdame a honrarte
en mis esfuerzos. No quiero estar satisfecha
con la mediocridad. Te pido que me des poder
para hacer un trabajo superior y traer gloria a tu
nombre. Ayúdame a no ser de aquellos que viven
pendientes del reloj o que desperdician el tiempo,
sino a encontrar satisfacción en las tareas que
tengo delante de mí. Ayúdame a ser una mujer de
excelencia, integridad y buenas ideas en mi lugar
de empleo.

Cómo llevarse bien con compañeros de trabajo

¡No hay nada más bello ni más agradable que ver a los hermanos vivir juntos y en armonía!

SALMOS 133.1 TLA

Dios, gracias por las personas con quienes trabajo y paso tiempo cada día. Ayúdanos a formar un ambiente de paz y armonía. Es algo bueno que la gente se lleve bien. Danos respeto mutuo y paciencia para tratar con desacuerdos. Aunque todos estemos atareados, ayúdanos a tener más conexión y unidad para que podamos ser más eficientes y encontrar más placer en nuestro trabajo. Señor, bendíceme por favor y bendice mis relaciones en el lugar de trabajo.

Cómo reaccionar
bien ante la crítica

El necio muestra en seguida su enojo, pero el
prudente pasa por alto el insulto. El testigo verdadero
declara lo que es justo, pero el testigo falso declara
falsedades. El charlatán hiere con la lengua como con
una espada, pero la lengua del sabio brinda alivio.

PROVERBIOS 12.16–18

Señor, no me gusta que me critiquen. Te pido un
espíritu apacible cuando otros hacen comentarios
hirientes. Dame por favor el entendimiento para
saber si lo que dicen es cierto, y si debo hacer
cambios en mi vida. De lo contrario, Señor,
te pido que protejas mi corazón de estas púas
verbales. Te pido paciencia y discernimiento para
mantener la calma y no atacar en retaliación.
Haz por favor que mi relación con otras personas
supere las críticas.

Reducción del estrés

No se preocupen por nada. Más bien, oren y pídanle a Dios todo lo que necesiten, y sean agradecidos.

Padre, tengo mucho que hacer, ¡ayúdame por favor! Fechas tope y detalles giran alrededor de mí como un enjambre de abejas. Siento presión intensa con mi pesada carga de trabajo. Ayúdame a hacer lo necesario cada día para dejar de preocuparme y poder descansar bien en la noche. Te entrego mi ansiedad y mi estrés… libero todo ante ti, Señor. Mientras me cubre tu paz que sobrepasa todo entendimiento permite que esta guarde mi corazón y mi mente en Cristo Jesús. Descanso en el consuelo de tu amor.

Liderazgo al estilo siervo

Entre ustedes no debe ser así. Al contrario,
el que quiera hacerse grande entre ustedes deberá
ser su servidor, y el que quiera ser el primero
deberá ser esclavo de los demás; así como el Hijo
del hombre no vino para que le sirvan, sino para
servir y para dar su vida en rescate por muchos.

MATEO 20.26–28

Señor, enséñame a ser un líder siendo siervo.
Tus caminos son tan diferentes a los del mundo.
Por extraño que parezca, tú aseveras que el que
quiera hacerse grande deberá servir a los demás.
Ayúdame a ser más como Cristo, quien no vino
a ser servido sino a servir. Quita la soberbia, el
egoísmo y la arrogancia de mi vida, y súpleme,
Señor, con humildad y con un corazón de servicio.

El valor de la maternidad

Dios, gracias porque valoras el llamado de la maternidad. Mientras me esfuerzo en servir a mi familia, y así nuestra casa se convierta en un verdadero hogar, oro pidiendo sabiduría, paciencia, energía y gozo. Ayúdame a saber que criar hijos es una honra importante y grande. No tengo que estar en una oficina para ser valiosa. Gracias por el privilegio de cimentar en mis hijos valores fuertes y eternos.

Una buena actitud

Yo les he dicho estas cosas para que en mí hallen
paz. En este mundo afrontarán aflicciones,
pero ¡anímense! Yo he vencido al mundo.

JUAN 16.33

Señor, llevo ante ti mi actitud en el trabajo. A
medida que transcurre mi día, permite que yo
tenga un punto positivo de vida y un espíritu
colaborador. Ayúdame a alentar y apoyar a otros.
En medio de la actividad, y a veces del caos, que
mi corazón esté en paz a medida que el Espíritu
Santo me fortalece y me da poder. Sé el Señor de
mis emociones mientras busco servirte a través de
mi profesión.

Mis finanzas

Perspectiva bíblica del dinero

Ahora bien, se requiere de los administradores,
que cada uno sea hallado fiel.

1 CORINTIOS 4.2 RVR60

Padre, estoy agradecida por los recursos
económicos con que me has bendecido. Quiero
ser buena mayordoma y administradora prudente
de los recursos que me has confiado. Ayúdame a
ahorrar, a gastar con discernimiento, y a ayudar a
los necesitados. Ayúdame a encontrar equilibrio:
a no ser acaparadora ni gastadora descontrolada.
Dame un punto de vista piadoso del dinero y de
cómo usarlo en maneras que te honren.

Cómo gastar sabiamente

El amor al dinero es la raíz de toda clase de
males. Por codiciarlo, algunos se han desviado de
la fe y se han causado muchísimos sinsabores.

1 TIMOTEO 6.10

Señor, tú eres quien da sabiduría, y te pido que
me des el discernimiento que necesito para gastar
el dinero con sensibilidad. Necesito medios para
pagar mis cuentas y suplir mis obligaciones. Sé
por tu Palabra que el dinero en sí no es malo; es el
amor al dinero, o codicia, lo que nos hace desviar
de la fe. Ayúdame a gastar lo que me provees, no
para satisfacción inmoderada de mis deseos sino
en buen juicio.

Ahorrar e invertir

*En casa del sabio abundan las riquezas y el
perfume, pero el necio todo lo despilfarra.*
PROVERBIOS 21.20

Dios, te pido que me guíes a un consejo
económico sabio. Al pensar en ello, ayúdame a
encontrar una fuente confiable que me pueda
brindar dirección en cuanto a dónde ahorrar e
invertir mejor mis recursos. Provee por favor
para mis necesidades de hoy y ayúdame a ahorrar
para el futuro. Ayúdame a ser responsable con
mis finanzas mientras confío en ti como mi
proveedor.

Gozo al dar

Cada uno debe dar según lo que haya decidido en su corazón, no de mala gana ni por obligación, porque Dios ama al que da con alegría.

2 CORINTIOS 9.7

Señor, gracias por tus bendiciones. Sea en abundancia o en escasez, quiero dar con alegría. Deseo dar con un corazón colmado de gratitud y que sirva no de mala gana ni quejándome. Anhelo ver que tu dinero se use en maneras que bendigan a otros: a través de mi diezmo en la iglesia, dando a organizaciones misioneras, o ayudando a los necesitados. Escojo dar en cualquier nivel que pueda, y te pido que bendigas mis acciones.

Cómo tratar con las deudas

En mi angustia invoqué al Señor,
y él me respondió.
SALMOS 120.1

Dios, necesito ayuda. Mis deudas crecen más
y más; se están saliendo de control. Por favor,
muéstrame maneras creativas de pagarlas, y
ayúdame a ahorrar y a gastar con sabiduría. Te
pido recursos para cancelar mis tarjetas de crédito,
préstamos y otras deudas. Muéstrame dónde
puedo recortar los gastos para así tener más
fondos disponibles. Señor, limpia por favor este
desorden que he creado. Revélame lo que puedo
aprender de esto y cómo volver a comenzar.

Ayuda para una
actitud materialista

Manténganse libres del amor al dinero,
y conténtense con lo que tienen, porque Dios ha
dicho: «Nunca te dejaré; jamás te abandonaré».

HEBREOS 13.5

Padre, a veces me siento muy afectada por este
mundo: estoy tentada a desear lo que otros
tienen o añoro cosas que veo por televisión.
Cambia mi actitud, Señor. Ayúdame a entender
que adquirir más «cosas» no necesariamente
me da más felicidad. Estar llena de *ti* produce
verdadero contentamiento. Enséñame el gozo y
la satisfacción perdurables que llegan al buscarte
únicamente a ti, Señor.

Dios proveerá

No se preocupen por su vida, qué comerán o beberán; ni por su cuerpo, cómo se vestirán. ¿No tiene la vida más valor que la comida, y el cuerpo más que la ropa? Fíjense en las aves del cielo: no siembran ni cosechan ni almacenan en graneros; sin embargo, el Padre celestial las alimenta. ¿No valen ustedes mucho más que ellas? ¿Quién de ustedes, por mucho que se preocupe, puede añadir una sola hora al curso de su vida?

MATEO 6.25–27

Señor, gracias por proveer para mis necesidades. Te entrego mis preocupaciones y temores… esos pensamientos persistentes respecto a falta de dinero para ropa, comida y lo básico de la vida. Tú alimentas a los gorriones en el campo, Señor, y sin duda lo harás conmigo y mi familia. Tus recursos son ilimitados, tus bendiciones son abundantes. Te alabo por tu bondad, Señor, y por la fidelidad de tu provisión.

Tesoros en el cielo

No traten de amontonar riquezas aquí en la tierra.
Esas cosas se echan a perder o son destruidas por
la polilla. Además, los ladrones pueden entrar y
robarlas. Es mejor que amontonen riquezas en
el cielo. Allí nada se echa a perder ni la polilla
lo destruye. Tampoco los ladrones pueden entrar
y robar. Recuerden que la verdadera riqueza
consiste en obedecerme de todo corazón.

MATEO 6.19–21 TLA

Dios, tú eres mi verdadero tesoro. Valoro todo lo
que eres: santo, sabio, amoroso y justo. Eres fuerte
y poderoso, el dador de vida. Ayúdame a quitar
la mirada de las *cosas* como fuente de significado;
ellas podrán ser agradables y útiles, pero
inevitablemente se desvanecen. Mi esperanza está
en ti, Señor, y mi fortuna futura se encuentra en
el cielo.

Mi iglesia

Oración por buenas relaciones

*Este es mi mandamiento: que se amen los
unos a los otros, como yo los he amado.*

JUAN 15.12

Padre, oro por cada miembro de esta iglesia,
permite que nos llevemos bien. A pesar de nuestra
variedad de educaciones y opiniones, ayúdanos
a vivir y adorar en armonía. Danos la habilidad
para valorar y respetar nuestras diferencias.
Protégenos contra divisiones, y ayúdanos a tener
un mismo sentir. Todos tenemos distintos dones,
papeles y funciones, pero colectivamente somos
un cuerpo, Señor: el tuyo. Únenos con lazos de fe
y productividad.

Gracias por mi familia de la iglesia

*Siempre que tengamos la oportunidad,
hagamos bien a todos, y en especial
a los de la familia de la fe.*

GÁLATAS 6.10

Dios, gracias por mi iglesia y por la gente que la
conforma: mis hermanos y hermanas en Cristo.
Que crezcamos como una «familia» de creyentes
a medida que aprendemos a amarnos y servirnos.
Aunque somos distintos, ayúdanos a respetarnos
unos a otros y a tratar de inspirarnos mutuamente.
Es una bendición tener personas con quienes
experimentar la vida, tanto los buenos tiempos
como los malos. Que nos relacionemos mejor
mientras aprendemos a conocerte más en amor.

Oración por el pastor y su familia

Siempre que oramos por ustedes, damos gracias a Dios, el Padre de nuestro Señor Jesucristo, pues hemos recibido noticias de su fe en Cristo Jesús y del amor que tienen por todos los santos.

COLOSENSES 1.3–4

Señor, gracias por nuestro pastor. Él es una bendición para nuestra iglesia. Te pido que le otorgues fuertes habilidades de liderazgo y sabiduría para tomar decisiones. Ayúdale a ser un hombre piadoso, dedicado a buscarte y seguirte. Protégelo a él y su familia de las tentaciones del mundo. Aunque el pastor podría tener una carga pesada, sé tú por favor su refrigerio continuo. Ayúdalo a guardar su tiempo con su familia, y consérvalos fuertes y amorosos.

Oración por quienes trabajan en la iglesia

Hablamos como mensajeros aprobados por Dios, a quienes se les confió la Buena Noticia. Nuestro propósito es agradar a Dios, no a las personas. Solamente él examina las intenciones de nuestro corazón.

1 Tesalonicenses 2.4 NTV

Padre, te doy gracias por toda la gente comprometida que trabaja como personal de nuestra iglesia. Gracias por su servicio fiel cada día en las oficinas y los comités. Ayúdalos a servirte en sus decisiones diarias y no a tratar de agradar a otros. Que realicen sus labores con eficiencia y correctamente para que todo lo que hagan edifique a la iglesia y promueva tu reino.

Oración por la escuela dominical, los estudios bíblicos, y los líderes de grupos pequeños

Así como el cuerpo es uno, y tiene muchos miembros, pero todos los miembros del cuerpo, siendo muchos, son un solo cuerpo, así también Cristo. Porque por un solo Espíritu fuimos todos bautizados en un cuerpo, sean judíos o griegos, sean esclavos o libres; y a todos se nos dio a beber de un mismo Espíritu.

1 Corintios 12.12–13 RVR60

Señor, te agradezco por los siervos fieles que enseñan en nuestra escuela dominical, en los estudios bíblicos, y en los grupos pequeños. Semana tras semana presentan la verdad de tu Palabra para ayudar a niños y adultos a conocerte mejor. Aunque todos tenemos funciones diferentes en tu grey, todos somos un cuerpo, y gracias porque nos tejes en unidad. Benditos estos hombres y estas mujeres que sirven para tu gloria.

Oración por ministros y voluntarios al servicio de la iglesia

*Mi servicio a Dios es para mí motivo
de orgullo en Cristo Jesús.*
ROMANOS 15.17

Dios, te alabo porque levantas personas para
servir a las necesidades de nuestra iglesia. Bendice
a quienes proveen para nosotros como líderes de
alabanza, ujieres, anfitriones y trabajadores del
sonido y de los medios de comunicación, y a todo
el equipo ministerial de la iglesia. Bendice a los
trabajadores de la cocina y de la clase cuna, a los
vigilantes de los estacionamientos, a los ujieres, al
personal de mantenimiento, y a otros. Llega con
tu bendición a toda persona que se pone al frente
o que está tras bastidores, Señor, y que colabora
para que nuestra iglesia funcione bien y sin
complicaciones.

Oración por avivamiento

Cuando venga el Espíritu Santo sobre
ustedes, recibirán poder y serán mis testigos
tanto en Jerusalén como en toda Judea y
Samaria, y hasta los confines de la tierra.

HECHOS 1.8

Señor, te pedimos que el poder del Espíritu
Santo caiga con fuerza sobre cada individuo que
asiste a nuestra iglesia. A medida que hallemos
avivamiento personal, que nuestra congregación
pueda crecer hasta encender un poderoso fuego
de pasión por Dios en nuestra iglesia, y que luego
este fuego se extienda hacia nuestra comunidad,
nuestra nación y nuestro mundo. Danos por favor
corazón para pedir avivamiento y manos que
pongan nuestra fe en acción con servicio a otros.

Oración por misioneros

Jesús se acercó entonces a ellos y les dijo: Se me ha dado toda autoridad en el cielo y en la tierra. Por tanto, vayan y hagan discípulos de todas las naciones, bautizándolos en el nombre del Padre y del Hijo y del Espíritu Santo, enseñándoles a obedecer todo lo que les he mandado a ustedes. Y les aseguro que estaré con ustedes siempre, hasta el fin del mundo.

MATEO 28.18–20

Jesús, te doy gracias por nuestros misioneros, tanto extranjeros como locales. Dales poder, llénalos y susténtalos mientras intentan cumplir tu gran comisión. Concédeles sabiduría piadosa y buena comunicación cuando predican, enseñan, discipulan y bautizan gente de todas las naciones. Por favor, súpleles la necesidad de una relación más íntima contigo, dales protección y seguridad, y provee para sus necesidades económicas. Bendícelos con relaciones emocionalmente sanas y con armonía en sus equipos de trabajo.

Mi ministerio

Liberación de más poder en mi ministerio

*Que el Dios de paz, que resucitó de la muerte
a nuestro Señor Jesús, el gran Pastor de las
ovejas, quien con su sangre confirmó su alianza
eterna, los haga a ustedes perfectos y buenos
en todo, para que cumplan su voluntad [...].
¡Gloria para siempre a Cristo! Amén.*

HEBREOS 13.20–21 DHH

Señor Dios, te necesito. Libera más de tu poder
en mi vida y ministerio. Dios de paz, equípame
para hacer tu voluntad. Ayúdame a mostrar
compasión, integridad y liderazgo sabio. Obra
en mí aquello que te agrade, Señor. Facúltame,
ilumíname, y cámbiame para que yo pueda
ser más eficaz en servir. Que tu nombre sea
glorificado y honrado en todas mis actividades
ministeriales.

Un corazón para servir

El Señor es clemente y compasivo,
lento para la ira y grande en amor.
SALMOS 145.8

Dios, te pido un espíritu compasivo. Ayúdame a velar por las necesidades de otros y a tener verdadero amor por aquellos a quienes sirvo. Derrama en mí tu espíritu de amabilidad y misericordia a fin de que pueda bendecir y ministrar con el corazón lleno de amor. Lléname hasta rebosar para que mi ministerio sea eficaz, creciente y bendecido. Que yo pueda caminar en tu gracia y con un corazón de servicio.

Protección y seguridad

*El Señor lo protegerá y lo mantendrá con
vida; lo hará dichoso en la tierra y no lo
entregará al capricho de sus adversarios.*
SALMOS 41.2

Dios, eres mi fortaleza, protégeme por favor.
Eres mi seguridad, presérvame. Mantenme a
salvo bajo tu tierno cuidado mientras ministro
a las necesidades de otros. Y por favor, protege
a aquellos alrededor de mí a quienes ministro.
Bendíceme, Señor, y cuídame de mis enemigos,
los que veo y los que no puedo ver. Te pido un
fuerte muro de protección para evitar el mal y
conservarme a salvo. Confío en ti, mi fuerte y
poderoso Señor.

Provisión y recursos

Al día siguiente, cuando atracamos en Sidón,
Julio fue muy amable con Pablo y le permitió
desembarcar para visitar a sus amigos, a fin de
que ellos pudieran proveer sus necesidades.
HECHOS 27.3 NTV

Señor, tus recursos son ilimitados. Te deleitas en
dar buenos regalos a tus hijos, y en suplirles sus
necesidades. Con valentía y humildad te pido que
proveas para las necesidades de mi ministerio.
Lleva este ministerio a las mentes de personas
que estén dispuestas a dar de los recursos
entregados por ti. Que ofrezcan de su tiempo,
dinero, talentos u otros recursos para bendecir
estos esfuerzos ministeriales a fin de promover tu
reino.

Liderazgo

*Si es el de animar a otros, que los anime; si es el de
socorrer a los necesitados, que dé con generosidad;
si es el de dirigir, que dirija con esmero; si es el
de mostrar compasión, que lo haga con alegría.*

ROMANOS 12.8

Padre, enséñame tus caminos. Muéstrame cómo
ser una líder que primero sea sierva. Tú mostraste
liderazgo de siervo cuando lavaste los pies a
tus discípulos. Vengo a ti con humildad, Señor,
déjame ser más como tú. Trata con mi orgullo,
pecado y egoísmo, y ayúdame a servir a otros con
los motivos correctos. Ayúdame a ser diligente en
mis tareas y alentadora con mis palabras. Señor,
permíteme dirigir con amor.

Preparación de voluntarios

Cuando vio a las multitudes, les tuvo compasión,
porque estaban confundidas y desamparadas,
como ovejas sin pastor. A sus discípulos les dijo:
«La cosecha es grande, pero los obreros son pocos.
Así que oren al Señor que está a cargo de la cosecha;
pídanle que envíe más obreros a sus campos».
MATEO 9.36–38 NTV

Dios, el mundo es nuestro campo misionero.
Desde la sala cuna en la iglesia hasta orfanatos al
otro lado del mar, hay niños que necesitan amor y
atención. Desde las calles de Columbus hasta las
barriadas de Calcuta, las personas necesitan oír las
Buenas Nuevas. La mies es mucha y los obreros
son pocos… pero te pido, Señor de la mies, que
formes personas con corazones de servicio. Que
ayuden a mi ministerio y a otros ministerios en
nuestra nación y en todo el mundo.

Obras aun mayores

De cierto, de cierto os digo: El que en mí cree,
las obras que yo hago, él las hará también; y aun
mayores hará, porque yo voy al Padre. Y todo
lo que pidiereis al Padre en mi nombre, lo haré,
para que el Padre sea glorificado en el Hijo.
JUAN 14.12–13 RVR60

Señor, tú eres tan increíble. Dices que haríamos
obras aun mayores de las que llevaste a cabo
mientras estabas en la tierra. Te pido gran fe,
de modo que yo sea parte de la ejecución de tus
obras mayores. Sanaste enfermos, pusiste cojos a
caminar, y cambiaste radicalmente tu generación.
Dame poder para ayudar y sanar a otros en
cualquier manera en que me llames a hacerlo.
Que te complazca contestar mis oraciones a fin
de que yo pueda llevarte gloria.

El poder del Espíritu Santo

*Nuestro evangelio les llegó no solo con palabras
sino también con poder, es decir, con el
Espíritu Santo y con profunda convicción.*

1 Tesalonicenses 1.5

Padre, en mis esfuerzos humanos no puedo
hacer que este ministerio tenga resultados.
Estoy dependiendo totalmente de ti. Te pido
que el poder del Espíritu Santo me llene y obre
a través de mí. Pon en marcha la compasión y
la convicción en mi corazón para ministrar vida
a otros. Recarga mi espíritu y mi cuerpo para
servirte adecuadamente y con eficacia.

Mis amigos

Gracias por mis amistades

*Hay amigos que llevan a la ruina, y hay
amigos más fieles que un hermano.*
PROVERBIOS 18.24

Señor, ¡gracias por mis maravillosas amigas!
Cuando pienso en el tesoro que son mis amigas
íntimas u ocasionales, o solamente conocidas,
agradezco las bendiciones y alegrías que cada una
trae a mi vida. Gracias por mis amigas «del alma»,
mis amigas y hermanas leales que me escuchan,
me atienden y me animan. Ellas son mis fieles
compañías. Reconozco que tú, Señor eres el dador
de todo lo bueno, y te agradezco por proveerme
amistades.

Un caminar más profundo con Dios

*Pido que el Dios de nuestro Señor Jesucristo,
el Padre glorioso, les dé el Espíritu de sabiduría
y de revelación, para que lo conozcan mejor.
Pido también que les sean iluminados los ojos
del corazón para que sepan a qué esperanza él
los ha llamado, cuál es la riqueza de su gloriosa
herencia entre los santos, y cuán incomparable es la
grandeza de su poder a favor de los que creemos.*

EFESIOS 1.17–19

Dios, te pido en el nombre de Jesús que mi amiga
incrédula llegue a conocerte como su Salvador
personal. Oro por su salvación y su crecimiento
en fe. A medida que te le reveles, que ella
llegue a experimentarte de veras, no solo en el
entendimiento sino en el corazón. Acércala a ti,
Señor, para que mi amiga pueda sentir el poder de
tu presencia. Reavívale el espíritu, Señor, para el
bien de ella y para tu gloria.

Los amigos se aman unos a otros

En todo tiempo ama el amigo, y es como
un hermano en tiempo de angustia.
PROVERBIOS 17.17 RVR60

Padre, ayúdame a ser una amiga que ame en
todo tiempo, aunque quizás no sienta deseos
de hacerlo. Enséñame cómo puedo amar con
palabras y ser de aliento y ayuda, y ayúdame a
mostrar amor también con mis acciones. Quiero
ser mejor oyente, no egoísta. Muéstrame cómo
llevar alegría a otros en maneras tangibles, con
una llamada telefónica, un abrazo o una acción
que sea importante para mi amiga.

Jesús es tu amigo

Nadie tiene amor más grande que el dar la vida por sus amigos. Ustedes son mis amigos si hacen lo que yo les mando. Ya no los llamo siervos, porque el siervo no está al tanto de lo que hace su amo; los he llamado amigos, porque todo lo que a mi Padre le oí decir se lo he dado a conocer a ustedes.

JUAN 15.13–15

Señor, eres mi mejor amigo. ¡Cómo podría serlo alguien más! Eres amable, amoroso, generoso, fiel y espléndido. Siempre escuchas, y siempre atiendes. Además ofreces el mejor consejo. Pero por sobre todo, diste tu vida por mí… ¡por *mí*, Señor! No hay mayor expresión de amor, por lo que estoy inmensamente agradecida. Gracias por llamarme tu amiga. Ayúdame a aprender tus caminos para que pueda ser mejor amiga para otros.

Cómo tratar con enemigos

No paguen a nadie mal por mal. Procuren hacer lo bueno delante de todos. Si es posible, y en cuanto dependa de ustedes, vivan en paz con todos. No tomen venganza, hermanos míos, sino dejen el castigo en las manos de Dios, porque está escrito: «Mía es la venganza; yo pagaré», dice el Señor. Antes bien, «si tu enemigo tiene hambre, dale de comer; si tiene sed, dale de beber. Actuando así, harás que se avergüence de su conducta». No te dejes vencer por el mal; al contrario, vence el mal con el bien.

ROMANOS 12.17–21

Dios, necesito sabiduría para tratar con mis adversarios. Enséñame tus caminos de justicia, y ayúdame a hacer lo correcto. No pagaré a nadie mal por mal. No tomaré el asunto en mis manos sino que dejaré que tú tomes venganza. Te pido que saques buenos resultados de esta mala situación. Concédeme la gracia para dejar que tú vuelvas a enderezar las cosas. Dame fuerzas para vivir en paz.

Cuando no sé cómo orar

De igual manera el Espíritu nos ayuda en
nuestra debilidad; pues qué hemos de pedir como
conviene, no lo sabemos, pero el Espíritu mismo
intercede por nosotros con gemidos indecibles.
Mas el que escudriña los corazones sabe cuál es
la intención del Espíritu, porque conforme a la
voluntad de Dios intercede por los santos.

ROMANOS 8.26–27 RVR60

Señor, tú conoces las necesidades de mi amiga y
los deseos de su corazón. Pero a veces no sé qué
decir o cómo orar. Espíritu Santo, tú eres quien
nos ayuda en nuestra debilidad. Cuando no sé por
qué orar, tú intercedes por mí con gemidos que
las palabras no pueden expresar. Escudriña mi
corazón e intercede por mi amiga hoy, Señor. Oro
porque se haga tu voluntad.

Cómo restaurar una amistad rota

Ámense los unos a los otros profundamente,
porque el amor cubre multitud de pecados.

1 Pedro 4.8

Dios, gracias por tu bálsamo curativo que cubre
la herida y el dolor que he experimentado en esta
amistad. Tu gracia me cubre. Tu amor repara mi
quebranto, y tú me das la capacidad de volver a
amar. Ayúdame a dejar de lado las heridas de mi
corazón y a ser amiga otra vez. Te agradezco y
te alabo porque tu amor sana y restaura. Gracias,
Señor, por volver a unir esta amistad.

Los amigos se ayudan entre sí

Si caen, el uno levanta al otro. ¡Ay del
que cae y no tiene quien lo levante!

ECLESIASTÉS 4.10

Señor, a veces es más fácil dar que recibir. Quiero
ser dadora, sacar tiempo para cuidar y ayudar a
mis amistades cuando lo necesitan. Ayúdame
también a aprender a recibir, a fin de que no sea
tan orgullosa para recibir la generosidad de una
amiga. Se trata de dar y recibir, Señor; realmente
nos necesitamos unos a otros.

Mi familia extendida

Sabiduría para el diario vivir

Bienaventurado el hombre que halla la sabiduría, y que obtiene la inteligencia; porque su ganancia es mejor que la ganancia de la plata, y sus frutos más que el oro fino.

PROVERBIOS 3.13–14 RVR60

Dios, te pido que los miembros de mi familia extendida conozcan y experimenten a diario tu sabiduría. Que descubran que la sabiduría es más preciosa que los rubíes, y que el entendimiento piadoso es mejor que el oro. Nada que deseen en la tierra se puede comparar con conocerte y seguir tus caminos. Algunos de ellos están alejados de ti, Señor. Oro porque conozcan las sendas de tu sabiduría, la afabilidad de tus senderos, y la paz que tú brindas.

Amor incondicional

*Si ustedes aman solamente a quienes los aman,
¿qué recompensa recibirán? ¿Acaso no hacen
eso hasta los recaudadores de impuestos?*

MATEO 5.46

Padre, gracias por los miembros de mi familia
y aquellos que son como familia para mí. Estoy
agradecida por su amor y comprensión. Que en
respuesta yo sea amorosa, no solo con quienes
me aman sino incluso con aquellos con los que
es difícil llevarse. Tus sendas son misericordiosas
y amables, perdonadoras y buenas. Ayúdame a
reflejar tu amor, hallando alegría en amar a otros
como tú me amas a mí.

Cómo vivir en paz y armonía

Alégrense con los que están alegres; lloren con los que lloran. Vivan en armonía los unos con los otros. No sean arrogantes, sino háganse solidarios con los humildes. No se crean los únicos que saben.

ROMANOS 12.15–16

Señor, quiero ser una persona de paz y vivir en armonía con los demás. Conozco a los miembros de mi familia, y no siempre estoy de acuerdo con ellos. Pero cuando discrepemos, ayúdanos a superar nuestras diferencias y a volver a relacionarnos unos con otros. Dame por favor empatía, permitiéndome alegrarme con quienes están alegres y entristecerme con quienes están tristes. Dame una mente abierta, Señor, para asociarme con todo tipo de gente cualquiera que sea su condición o posición.

No chismear

La gente chismosa revela los secretos;
la gente confiable es discreta.
PROVERBIOS 11.13

Padre, en ocasiones es mucha la tentación de
hablar de otras personas. Me gusta estar «al
tanto», pero no quiero que escuchar y contar lo
que oigo se convierta en chisme. Muéstrame
la línea entre relatar la información necesaria
y el chisme (transmitir rumores que podrían
perjudicar a una amiga o a un familiar). Ayúdame
a ser una mujer que pueda guardar un secreto y
que no traicione cuando me han revelado algo
confidencial. Ayúdame a ser confiable en todas
mis conversaciones, Señor.

Sanidad para la envidia y los celos

El corazón tranquilo da vida al cuerpo,
pero la envidia corroe los huesos.
PROVERBIOS 14.30

Dios, estoy sintiendo envidia, y necesito tu
ayuda. Es difícil mantener mis sentimientos bajo
control cuando quiero lo que alguien más posee.
Dondequiera que mire, Señor, veo gente que
tiene algo más o mejor que lo que yo tengo, y
eso me produce lucha interior. Albergo anhelos,
Señor, pero quiero un corazón que esté en paz.
Quítame esta envidia y estos celos y ayúdame
a estar satisfecha, sabiendo que tú suplirás mis
necesidades. Opto por confiar en ti, Señor.

Ser de bendición para otros

El amor debe ser sincero. Aborrezcan el mal;
aférrense al bien. Ámense los unos a los
otros con amor fraternal, respetándose
y honrándose mutuamente.

ROMANOS 12.9–10

Padre, quiero ser bendición para mi familia
extendida. Oraré por aquellos que me traes a la
mente, por quienes necesitan de más oración.
Los bendigo a todos, Señor, sea que los conozca
bien o no, porque tú los amas. Ayúdame a ser
sincera en honrarlos. Oro por sus necesidades,
su salvación y su sanidad. También oro porque
aprendan a conocerte y a disfrutar tu presencia.

Oración por las generaciones

Pueblo mío, atiende a mi enseñanza; ¡inclínate
a escuchar lo que te digo! Voy a hablar por
medio de refranes; diré cosas que han estado
en secreto desde tiempos antiguos. Lo que
hemos oído y sabemos y nuestros padres nos
contaron, no lo ocultaremos a nuestros hijos.
Con las generaciones futuras alabaremos al
Señor y hablaremos de su poder y maravillas.

SALMOS 78.1–4 DHH

Señor, oro por las personas que vendrán después
de mí: hijos, nietos y bisnietos, y hasta por
aquellos que vendrán después de estos. Que
te amen y te sirvan, Señor, y que marquen una
diferencia positiva en su generación. Ábreme
la boca para hablar a mi familia acerca de tus
maravillas, tu poder y tu amor, de modo que las
próximas generaciones te conozcan y te honren.

Oración de unos por otros

*Todos, en un mismo espíritu, se dedicaban
a la oración, junto con las mujeres y con los
hermanos de Jesús y su madre María.*

HECHOS 1.14

Dios, enséñame a orar. Y ayuda por favor a los
miembros de nuestra familia a orar unos por
otros. Que estemos centrados, fervientes y fieles
en llegar valerosamente ante ti. Agita nuestro
interior para saber cómo orar mejor unos por
otros. Ayúdanos a desarrollar unidad mientras
intercedemos. Danos sabiduría y gracia para
amarnos con mayor constancia. Reanima nuestra
vida familiar para tus buenos propósitos y tu
gloria.

Mi nación

Dios bendiga a mi patria

Den gracias al Señor, invoquen su nombre;
den a conocer sus obras entre las naciones.
SALMOS 105.1

Te alabo, Señor, agradeciéndote por esta gran nación. ¡Has bendecido mi patria! Gracias por la paz. Gracias por la libertad para hablar y ser oídos, y para votar por nuestros líderes. Somos una nación de personas diversas e independientes, Señor, y oro porque nos respetemos unos a otros. Ayúdanos a defender los valores piadosos mientras intentamos honrar la autoridad de quienes gobiernan nuestra tierra. Por favor, mantén unido a mi país, como una nación fuerte que busca tu rostro y tu favor.

Respeto por la autoridad

Todo el que se opone a la autoridad se rebela contra
lo que Dios ha instituido. Los que así proceden
recibirán castigo. Porque los gobernantes no están
para infundir terror a los que hacen lo bueno sino a
los que hacen lo malo. ¿Quieres librarte del miedo a
la autoridad? Haz lo bueno, y tendrás su aprobación.

ROMANOS 13.2–3

Dios, oro por los hombres y las mujeres que
tienen influencia y poder en nuestra nación.
Desde oficiales de policía hasta magistrados de
la Corte Suprema, dales conciencia para hacer lo
bueno, aunque en esta época lo bueno y lo malo
parezca algo intercambiable. Oro porque nuestros
líderes conserven la credibilidad para que como
ciudadanos podamos honrarlos y respetarlos.
Por favor, ayúdanos también a instruir a nuestros
hijos para que respeten la autoridad. Pido por
la integridad y la moral de todos los que tienen
autoridad en nuestra república, Señor.

Oración por los líderes nacionales

*En primer lugar, recomiendo orar por todo el mundo,
dando gracias a Dios por todos y pidiéndole que les
muestre su bondad y los ayude. Recomiendo que se
ore por los gobernantes y por todas las autoridades,
para que podamos vivir en paz y tranquilos,
obedeciendo a Dios y llevándonos bien con los demás.*

1 Timoteo 2.1–2 tla

Padre, oro por los líderes de nuestra nación y te
pido que les des habilidad para tomar buenas
decisiones, gobernar con integridad, y cumplir
sus tareas en formas que edifiquen la nación.
Que todas las personas por las que oro traigan
gloria y honra a tu nombre: el presidente, el
vicepresidente, ministros de estado, de defensa,
de seguridad interna, del interior, de economía,
de agricultura, de comercio, de trabajo, de
transporte, de energía, de educación, de asuntos
sociales, de salud, de vivienda y desarrollo
urbano; el fiscal general; el asesor de seguridad
nacional; el director de inteligencia nacional; y los
magistrados de la Corte Suprema.

Oración por líderes provinciales

Una ciudad está mejor protegida con la
sabiduría de un hombre sabio que con
la fuerza de diez gobernantes.
ECLESIASTÉS 7.19 TLA

Señor, te pido por los hombres y las mujeres en
nuestro gobierno provincial, que hagan buena
política en humildad y sabiduría piadosa. Bendice
sus vidas al equilibrar su trabajo con sus familias.
Dales fuerzas e integridad para gobernar con
sabiduría. Que todas las personas por las que oro
sean mayordomos fieles de sus cargos y que sirvan
a los habitantes de nuestra provincia para la gloria
del nombre de Dios: nuestros representantes y
parlamentarios, nuestro gobernador, y nuestros
magistrados de la Corte Suprema.

Oración por líderes locales

La oración del justo es poderosa y eficaz.
SANTIAGO 5.16

Dios, oro porque los líderes de nuestra ciudad
y localidades vecinas dirijan con integridad,
honestidad y justicia. Que tengan sed de tu
poder, no del dominio temporal sobre otros. Que
todas las personas por las que oro gobiernen con
justicia, gracia y misericordia mientras sirven
a nuestra comunidad para tu gloria: el alcalde,
nuestros jueces y funcionarios de la corte,
miembros de la policía y de los bomberos, y otros
líderes cívicos.

Oración por las fuerzas armadas

*El Señor es mi fuerza y mi escudo; mi
corazón en él confía; de él recibo ayuda.*
SALMOS 28.7

Señor, gracias por todos los hombres y las mujeres
que sirven en nuestras fuerzas armadas. Ellos
deciden arriesgar sus vidas para que nosotros
podamos tener libertad y paz, por lo que estoy
agradecida de verdad. Te pido que bendigas su
lealtad y servicio. Protégelos y tenlos a salvo.
Consuélalos y fortalécelos cuando estén lejos de
sus seres queridos. Bendice también a las familias
que enviaron soldados a la guerra o a servir en el
extranjero. Oro porque les suplas sus necesidades,
Señor.

Bendiciones por la obediencia

*Si obedeces al SEÑOR tu Dios en todo y cumples
cuidadosamente sus mandatos que te entrego hoy, el
SEÑOR tu Dios te pondrá por encima de todas las
demás naciones del mundo. Si obedeces al SEÑOR
tu Dios, recibirás las siguientes bendiciones: Tus
ciudades y tus campos serán benditos [...]. Tus
canastas de fruta y tus paneras serán benditas. Vayas
donde vayas y en todo lo que hagas, serás bendito.*

DEUTERONOMIO 28.1–6 NTV

Dios, me inclino humildemente ante ti y te
agradezco por el poder para obedecer y seguir
tus caminos. No es fácil a veces, y sé que no lo
puedo hacer sin tu ayuda. Tu Palabra nos dice
que la obediencia produce bendiciones. No
quiero perder mis bendiciones. No quiero que
mis familiares o amigos, o cualquier otra persona,
se pierdan lo mejor de sus vidas. Por tanto,
personalmente te pido perdón cuando he actuado
mal, y fortaleza para tomar mejores decisiones.

Avivamiento espiritual en mi patria

*Es un hecho que Abraham se convertirá en
una nación grande y poderosa, y en él serán
bendecidas todas las naciones de la tierra.*

GÉNESIS 18.18

Reanímanos, Señor. Te pido que traigas un gran
despertar en esperanza, sanidad y salvación para
mi país. Perdona nuestros pecados personales
y los de nuestro pueblo. Que nuestra nación
cumpla su gran destino y sus propósitos.
Despierta nuestra necesidad de ti y nuestra total
dependencia en ti. Bendícenos, Señor, para ser
una nación que sea poderosa, para así poder ser
fuertes internamente y de bendición para las
demás naciones del mundo.

Mis sueños y metas

Atreverse a soñar

Deléitate en el Señor, y él te concederá
los deseos de tu corazón.

SALMOS 37.4

Querido Dador de sueños, creo que has puesto
anhelos dentro de mí que aún no se han realizado.
Enséñame a deleitarme en ti a medida que voy
tras los deseos de mi corazón. Muéstrame tu
voluntad perfecta, para que me mueva tan lejos
y tan rápido como deseas, no menos ni más.
Concédeme la sabiduría que necesito a fin de
lograr tus planes para mi vida, y la humildad para
darte la gloria en medio de ellos.

Cómo conocer la voluntad de Dios

No vivan ya según los criterios del tiempo presente;
al contrario, cambien su manera de pensar para
que así cambie su manera de vivir y lleguen a
conocer la voluntad de Dios, es decir, lo que es
bueno, lo que le es grato, lo que es perfecto.

ROMANOS 12.2 DHH

Señor, te confío mis aspiraciones. Dame valor
para ir tras mis propias metas y que las opiniones
de otros no influyan en mí. Renuévame la mente
y el espíritu para poder probar y aprobar cuál es tu
voluntad, tu buena, agradable y perfecta voluntad.
No debo temer lo que yo pueda perder, pues sé
que traes a mi vida personas y circunstancias por
alguna razón. Gracias por la seguridad de que me
diriges hacia tus buenos propósitos.

Confianza en la sabiduría divina

El Señor da la sabiduría; conocimiento
y ciencia brotan de sus labios.

PROVERBIOS 2.6

Padre, qué bendición es poder llegar ante ti, el
ser más sabio e inteligente en el universo. Tengo
acceso directo e inmediato a lo más sublime.
Gracias por darme sabiduría y dirección, aunque
no pueda ver el camino. El conocimiento y el
entendimiento vienen directamente de tus labios,
Señor, y te agradas en iluminarnos. Te alabo y te
pido visión continua a medida que mis sueños se
convierten en metas realizables.

Nada es imposible para Dios

Yo soy el Señor, Dios de toda la humanidad.
¿Hay algo imposible para mí?
JEREMÍAS 32.27

Señor, quiero que las cosas sean diferentes en mi
vida, pero existen muchos obstáculos. Necesito
energía y motivación para seguir adelante.
Necesito medios económicos y mayor tiempo.
Por sobre todo, debo confiar más en ti. Nada es
demasiado difícil para ti, Padre. ¡Puedes hacer
lo que sea! A pesar de todas mis necesidades y
distracciones, trae por favor a mi vida ayuda y
apertura hacia nuevas ideas, y ábreme el camino.
Te pido que me ayudes a lograr mis metas
en la vida que mejor se adapten a tus buenos
propósitos.

Cómo ser una mujer de acción

*Así también la fe por sí sola,
si no tiene obras, está muerta.*
SANTIAGO 2.17

Amado Señor, quiero ser una mujer de acción…
alguien de verdadera fe. Pues la fe en sí, tan
solo pensamientos y palabras, está muerta; tiene
que estar acompañada de hechos, Señor. Te
pido sabiduría para saber cuándo tomar riesgos,
cuándo actuar, y cuándo esperar. Ayúdame
a saber qué debo hacer y cuándo es el mejor
momento para hacerlo. Pon verdadera fe dentro
de mí, Señor, a fin de que pueda realizar las
buenas obras que tú tienes para que yo lleve a
cabo.

Dios es fiel

Él los eligió para ser parte de su pueblo, y hará
todo esto porque siempre cumple lo que promete.
1 Tesalonicenses 5.24 TLA

Señor, gracias porque eres mi Dios fiel. Nadie
más es como tú. La gente se aleja, los empleos
cambian, y gran parte de la vida es incierta. Pero
tú siempre estás aquí, mi estable, amoroso y
presente Señor. Ayúdame a mantener firme la
esperanza que profeso, porque solamente tú eres
fiel. Cumples todas tus promesas, cada una de
ellas, todo el tiempo… y te agradezco por eso,
Señor.

Abdicación de los sueños

Yendo un poco adelante, se postró sobre su rostro,
orando y diciendo: Padre mío, si es posible, pase de mí
esta copa; pero no sea como yo quiero, sino como tú.
MATEO 26.39 RVR60

Dios, me inclino humildemente ante ti y te
entrego mis sueños. Cedo el control. Rindo
mi voluntad a la tuya. Cuando esté tentada a
hacer las cosas a mi manera, que en lugar de ello
busque tu guía. Cuando me muestre demasiado
insistente, tratando de que las cosas se hagan a mi
manera, dame compasión para ver que tu gracia
tiene todo cubierto. No tengo que temer, Señor.
Confiaré en que tú suples todas mis necesidades.

Aferrándose a la esperanza

Contra toda esperanza, Abraham creyó y
esperó, y de este modo llegó a ser padre de
muchas naciones, tal como se le había dicho:
«¡Así de numerosa será tu descendencia!»

ROMANOS 4.18

Padre, ayúdame por favor a aferrarme a la
esperanza. Sostenme según tus promesas.
Abraham tuvo gran fe en ti, Señor, y se convirtió
en padre de muchas naciones, exactamente como
se lo prometiste. Aunque él ya era anciano, tú
les diste un bebé a él y a su esposa, Sara. De la
manera que lo hiciste por ellos, Señor, satisface
por favor mis anhelos… y tu visión para el
propósito de mi vida.

Mi historia personal

El poder de la transformación

De vuelta al Señor

Rásguense el corazón y no las vestiduras.
Vuélvanse al Señor su Dios, porque él es
bondadoso y compasivo, lento para la ira y lleno
de amor, cambia de parecer y no castiga.

JOEL 2.13

Dios, algunas cosas de mi pasado me han alejado
de ti. Quiero regresar a ti y volver a estar en
buena relación contigo. Te pido perdón por
las equivocaciones que he cometido, tanto en
mi pasado lejano como más recientemente.
Estoy sumamente feliz de que seas clemente y
compasivo. Gracias por ser lento para la ira y
grande en amor. Heme aquí, Señor. Vuelvo a ti.

El perdón a otros

No juzguen, y no se les juzgará.
No condenen, y no se les condenará.
Perdonen, y se les perdonará.
LUCAS 6.37

Padre, puede ser muy difícil perdonar,
especialmente cuando siento que otras personas
no lo merecen. Pero yo tampoco merezco tu
perdón, y tú me perdonas libremente cuando te
lo pido. Debido a tu gran misericordia hacia mí,
ayúdame a perdonar a la gente que me ha herido
en el pasado. Ayúdame a saber que perdonar no
es condonar, sino que esta acción me libera a tu
libertad. Dejo en ti la retribución, Dios de justicia
y amor.

Debemos recordar

*Josué erigió allí las piedras que habían tomado
del cauce del Jordán, y se dirigió a los israelitas:
«En el futuro, cuando sus hijos les pregunten:
"¿Por qué están estas piedras aquí?", ustedes les
responderán: "Porque el pueblo de Israel cruzó el río
Jordán en seco". El Señor, Dios de ustedes, hizo lo
mismo que había hecho con el Mar Rojo cuando lo
mantuvo seco hasta que todos nosotros cruzamos».*

JOSUÉ 4.20–23

Señor, quiero recordar las cosas buenas que
has hecho por mí en el pasado. Así como las
piedras que los israelitas sacaron del río Jordán,
también yo necesito en mi vida mis «rocas de
recordación» personales. Realizaste milagros para
ellos, permitiéndoles cruzar el río en tierra seca,
dividiéndoles el mar Rojo, de modo que hoy
mucha gente pueda conocer tu mano poderosa. Al
recordar las maneras en que me has ayudado a lo
largo de toda mi vida, te honro.

Debemos olvidar

*No es que ya lo haya conseguido todo, o que ya sea
perfecto. Sin embargo, sigo adelante esperando
alcanzar aquello para lo cual Cristo Jesús me
alcanzó a mí. Hermanos, no pienso que yo mismo
lo haya logrado ya. Más bien, una cosa hago:
olvidando lo que queda atrás y esforzándome
por alcanzar lo que está delante, sigo avanzando
hacia la meta para ganar el premio que Dios ofrece
mediante su llamamiento celestial en Cristo Jesús.*

FILIPENSES 3.12–14

Señor, ayúdame a olvidar las cosas de mi pasado
que debo dejar atrás. Dame el valor para seguir
adelante. Hay una meta esperándome, un
galardón en el cielo, ¡y quiero ganar ese premio!
Jesús, tú siempre te ocupaste de los asuntos de
tu Padre. Ayúdame a mirar al frente y seguir
adelante, dirigiéndome valientemente hacia el
futuro. Quizás no sepa lo que ocurrirá allí, pero
conozco a Aquel que sí lo sabe.

Aprendamos del pasado

*Y no solo en esto, sino también en nuestros
sufrimientos, porque sabemos que el sufrimiento
produce perseverancia; la perseverancia, entereza
de carácter; la entereza de carácter, esperanza.*

ROMANOS 5.3–4

Dios, te agradezco por tu paciencia a medida que
aprendo importantes lecciones por razón de mi
pasado. No quiero repetir mis equivocaciones,
Señor. Tus caminos no son los nuestros, pero los
tuyos son mejores. Traen sanidad y vida. Mientras
aprendo a regocijarme en el sufrimiento que he
experimentado puedo ver tu mano enseñándome
perseverancia, de la cual desarrollo carácter, y de
este obtengo esperanza.

Vivamos en el presente

Vengan, adoremos e inclinémonos. Arrodillémonos delante del SEÑOR, nuestro creador, porque él es nuestro Dios. Somos el pueblo que él vigila, el rebaño a su cuidado. ¡Si tan sólo escucharan hoy su voz! El SEÑOR dice: «No endurezcan el corazón como Israel en Meriba, como lo hizo el pueblo en el desierto de Masá».

SALMOS 95.6–8

Señor, he estado acampando demasiado tiempo en el pasado. Arranca las estacas de mi tienda y ayúdame a seguir adelante. ¡Hay mucho por lo cual vivir hoy! El pasado, pasado está y el futuro espera. Hoy día decido adorarte, mi Señor y Hacedor. Cuando oiga tu voz, que mi corazón sea dócil, no endurecido ni hastiado por el pasado. El día de hoy es un regalo; celebro el presente contigo, Señor.

Cámbiame, Señor

*A pesar de todo, Señor, tú eres nuestro
Padre; nosotros somos el barro, y tú el
alfarero. Todos somos obra de tu mano.*

Isaías 64.8

Dios, tú conoces todo respecto a mi persona:
mi pasado, mi presente y mi futuro. Tú eres
el alfarero y yo el barro, obra de tus manos. A
medida que remodelas mi vida, cambiándome de
quién era y moldeándome en la mujer que quieres
que yo sea, ayúdame a confiar en tu sabiduría.
Deseo ser una vasija suficientemente fuerte
para contener todo el amor que me tienes, y así
verterlo sobre otros.

Todas las cosas ayudan a bien

*Sabemos que a los que aman a Dios, todas
las cosas les ayudan a bien, esto es, a los que
conforme a su propósito son llamados.*
ROMANOS 8.28 RVR60

Padre, a veces es difícil entender por qué
sucedieron las cosas como lo hicieron. He tomado
algunas decisiones malas, pero también hay
personas que me han causado verdadero daño.
Aunque quizás nunca lo entienda por completo,
confío en que obras las cosas para bien, y para
tu propia gloria. Te amo, Señor, y sé que he sido
llamada conforme a tu propósito. Pondré mi fe
en ti.

Mi vida interior

Una vida de amor

Hay un segundo mandamiento que es igualmente importante: «Amarás a tu prójimo como a ti mismo».
MATEO 22.39 NTV

Señor, quiero vivir en amor. Muéstrame qué es el amor verdadero, es decir tu amor, para que pueda recibirlo y entregarlo a otros. Enséñame a preocuparme por mi prójimo como cuidaría de mí misma. Permite que el amor sea mi motivación para actuar. Ayúdame también a pronunciar palabras amables y animadoras, y a bendecir a otros con mis acciones. Gracias porque tu amor extraordinario, incondicional y tolerante me sostiene.

Avivamiento personal

Que nuestro Señor Jesucristo mismo y Dios nuestro Padre, que nos amó y por su gracia nos dio consuelo eterno y una buena esperanza, los anime y les fortalezca el corazón, para que tanto en palabra como en obra hagan todo lo que sea bueno.

2 TESALONICENSES 2.16–17

Dios, he descuidado mi tiempo contigo, y lo siento. Perdóname por favor. Sopla un viento fresco a lo estancado de mi vida, y revive mi espíritu. Ayúdame a hacer a un lado mi egoísmo y a buscarte en primer lugar. Despierta mi alma a la bondad de tu amor, porque eres el deseo de mi corazón. Lejos del clamor de la televisión y el tráfico, vengo a tu quietud. Gracias porque puedo detenerme en tu refrigerio, en tu gozo y en tu paz, y porque disfruto todo eso.

Limpia mi corazón

Si confesamos nuestros pecados, Dios,
que es fiel y justo, nos los perdonará y
nos limpiará de toda maldad.

1 Juan 1.9

Padre, con humildad te pido perdón por el pecado
en mi vida. Aunque me arrepiento, vuelvo a hacer
cosas indebidas. No sé por qué hago lo que no
quiero hacer. A veces se trata de algo deliberado y
en ocasiones simplemente soy descuidada. Gracias
por tu amorosa bondad y por tu misericordia que
me limpian el alma y me hacen estar otra vez
en buena relación contigo. Límpiame, sáname y
lléname, Señor.

Brinda poder a mi vida

Si ustedes, aun siendo malos, saben dar cosas
buenas a sus hijos, ¡cuánto más el Padre celestial
dará el Espíritu Santo a quienes se lo pidan!
LUCAS 11.13

Espíritu Santo, no puedo vivir en mis propias
fuerzas. Te pido que vengas y me llenes con
tu presencia. Otórgame discernimiento para
tomar mejores decisiones de vida y energía para
prosperar, no solo para sobrevivir. Concédeme
un corazón que te busque y que sirva a otros.
Derrama en mi vida más amor, gozo, paz y
paciencia, para ser una mamá que cuide de sus
hijos, una esposa amorosa, una buena amiga, una
trabajadora sabia; es decir una mujer que esté
bendecida, Señor.

Conoce tu valor e importancia

¿No se venden dos gorriones por una monedita?
Sin embargo, ni uno de ellos caerá a tierra sin
que lo permita el Padre. ... Así que no tengan
miedo; ustedes valen más que muchos gorriones.

MATEO 10.29, 31

Señor, he tratado de encontrar mi importancia
en lugares distintos a tu corazón. Perdóname por
dar más oídos a lo que otras personas piensan
o a mis propios esfuerzos. Gracias porque me
valoras debido a que soy tu hija, y porque valgo
mucho ante ti a pesar de cómo luzca o de qué
haga para ganarme la vida. A tu vista es de gran
valor el incorruptible ornato de un espíritu afable
y apacible. Gracias por amarme y hacerme sentir
valiosa, Señor.

Hermosa por dentro y por fuera

El Señor le dijo a Samuel: «No te dejes
impresionar por su apariencia ni por su estatura,
pues yo lo he rechazado. La gente se fija en las
apariencias, pero yo me fijo en el corazón».

1 SAMUEL 16.7

Dios, nuestro mundo se enfoca mucho en la
apariencia externa: ropa bonita y verse bien. Pero
tú no eres así. La gente podría fijarse en peinados
y trajes, pero tú miras el corazón. Señor, ayúdame
por favor a actuar con lo que me has dado por
fuera, mientras también pulo mi carácter interior.
Que tu belleza brille a través de mí a medida que
te alabo más y más. Sé mi luz interior para poder
irradiar el amor de Cristo.

Una mujer de sabiduría

Bienaventurado el hombre que halla la sabiduría, y que obtiene la inteligencia; porque su ganancia es mejor que la ganancia de la plata, y sus frutos más que el oro fino.

PROVERBIOS 3.13–14 RVR60

Padre, quiero ser una mujer sabia, no insensata. Ayúdame a tomar decisiones correctas y a conducirme como es digno de tu nombre. Oro para poder ser honrada y recta en mi vida diaria, de tal modo que mis acciones reflejen quién eres tú, Señor. Ayúdame a actuar con integridad para que me convierta en alguien que cumpla sus promesas y compromisos.

Un corazón agradecido

*Estén siempre alegres, oren sin cesar, den
gracias a Dios en toda situación, porque esta
es su voluntad para ustedes en Cristo Jesús.*

1 Tesalonicenses 5.16–18

Señor, tú eres mi Dios, y mi gozo es entregarte
lo que hay en mi corazón. Límpiame, lléname,
sáname y ayúdame a vivir con un corazón alegre
y agradecido. Quiero ser una mujer de oración.
Anhelo marcar una diferencia en mi mundo.
Estoy agradecida por todo lo que eres y todo lo
que haces. Te alabo por las bendiciones en mi
vida.

Mi futuro

Un cimiento de la fe

Ustedes creyeron en Dios, no por medio de la sabiduría humana sino por el poder de Dios.

1 CORINTIOS 2.5 TLA

Señor, por favor, afírmame sobre un cimiento de fe para que mis decisiones reposen sólidamente en ti, y no en la sabiduría humana ni en mis volubles sentimientos. Fuerte y seguro, Dios, eres mi fundamento. Construye esperanza y fe en mí a medida que pongo mi confianza en ti. No importa lo que pueda suceder, o amenazar, permite por favor que mi vida se mantenga firme en medio de las pruebas. Establece la obra de tus manos, Señor, eres roca sólida en mí.

Siempre tenemos esperanza

*Tenemos como firme y segura ancla del
alma una esperanza que penetra hasta
detrás de la cortina del santuario.*

HEBREOS 6.19

Padre, ayúdame por favor a esperar con actitud
positiva: con fe, no con temor. Ánclame firme y
segura, con esperanza para mi alma. Capitanea la
nave de mi vida, y evítame vagar en medio de la
duda y la inseguridad del futuro. ¡Gracias, Señor,
porque tienes el control!

Vida poderosa

Crezcan en la gracia y en el conocimiento de
nuestro Señor y Salvador Jesucristo. ¡A él sea
la gloria ahora y para siempre! Amén.
2 PEDRO 3.18

Dios, tú tienes todo poder y autoridad. Eres el
gobernante supremo en la tierra… ¡en todo el
universo! Qué privilegio es llegar ante ti con
humildad pero con audacia, y pedirte que hoy día
me concedas poder. Que tu favor esté conmigo
en todo lo que debo hacer y decir. Que tus
bendiciones fluyan a través de mi vida, Señor, y
también que yo sea una bendición para otros.

Andemos en sabiduría

La necedad del hombre le hace perder el rumbo, y para colmo se irrita contra el Señor.

PROVERBIOS 19.3

Señor, guárdame por favor de la necedad del pecado. Te pido sabiduría y discernimiento para tomar decisiones prudentes en mi vida. Cuando me sienta tentada, dame fuerzas para huir. Cuando tenga incertidumbre, ayúdame a saber el curso correcto de acción. Cuando necesite buenas ideas, ilumina mi mente con creatividad e inteligencia. Tú lo sabes todo, Señor; permite que pueda caminar en sabiduría y conocer tus sendas.

Dios concluye lo que empieza

Estoy convencido de esto: el que comenzó tan
buena obra en ustedes la irá perfeccionando
hasta el día de Cristo Jesús.

FILIPENSES 1.6

Padre, me alegra mucho que termines lo que
comienzas en nosotros. Tú no dejas nada a
medias, por lo cual estoy agradecida. No nos
dejas como un proyecto inconcluso sobre una
mesa de trabajo. No te distraes ni olvidas detalles.
¡Gracias, Señor! Has empezado mi vida, y sé que
concluirás el desarrollo de mi carácter para tu
buen propósito. Crea integridad, fe y gozo dentro
de mí, Señor, y ayúdame a llegar a buen término
todo lo que me propongo.

Mis tiempos están
en manos de Dios

Yo en ti confío, oh Jehová; Digo: Tú eres mi
Dios. En tu mano están mis tiempos; líbrame de
la mano de mis enemigos y de mis perseguidores.

SALMOS 31.14–15 RVR60

Padre, gracias porque tu mano es fuerte y firme.
Mis tiempos están en tu mano, y ese es un lugar
seguro. En mis manos podrían caer y estropearse.
Pero no en las tuyas. Tus manos crean, guían y
dirigen, sostienen y confortan. Estoy segura en
cada temporada de mi vida, sabiendo que me
protegerás y me cuidarás. Tomada de tu mano
podremos enfrentar el futuro con esperanza.

Dios tiene buenos planes para mí

*Yo sé muy bien los planes que tengo para ustedes
—afirma el Señor—, planes de bienestar y no de
calamidad, a fin de darles un futuro y una esperanza.
Entonces ustedes me invocarán, y vendrán a
suplicarme, y yo los escucharé. Me buscarán y me
encontrarán, cuando me busquen de todo corazón.*

JEREMÍAS 29.11–13

Dios, me complace saber que tienes planes para
mí, porque el futuro no me es muy claro en la
mente. Tú deseas prosperarme, no perjudicarme.
Como dador de toda buena dádiva, envuelves
esperanza y un futuro como obsequio para mí. Te
invoco, Señor, sabiendo que siempre escuchas. Te
busco de todo corazón y aguardo el futuro con
esperanza, expectante por las cosas buenas que
vendrán.

Paz

*No se inquieten por nada; más bien, en toda
ocasión, con oración y ruego, presenten sus
peticiones a Dios y denle gracias. Y la paz de Dios,
que sobrepasa todo entendimiento, cuidará sus
corazones y sus pensamientos en Cristo Jesús.*

FILIPENSES 4.6–7

Señor, tú eres mi paz. En medio de las
incertidumbres, el caos, y las penas de la vida, no
debo estar ansiosa. En todo asunto te oraré y te
pediré ayuda, guía y dirección. Te entrego mis
desafíos y te presento mis necesidades. Gracias
por tu tranquilizadora paz que sobrepasa todo
entendimiento. Que tu serenidad apacigüe mi
corazón y guarde mi mente en Cristo Jesús.

Alegría

El Señor es mi fuerza y mi escudo; mi corazón
en él confía; de él recibo ayuda. Mi corazón
salta de alegría, y con cánticos le daré gracias.
SALMOS 28.7

Señor, tú eres mi gozo. Conocerte me produce
alegría y fortaleza. Como escudo de mi corazón,
me proteges del peligro. Ayúdame a enfrentar el
futuro con júbilo. Lléname de tus placeres para
que pueda llevar gozo a mi alrededor: en casa,
en el trabajo, y en mi ministerio. Ayúdame a reír
más y a sonreír a menudo cuando reflexiono en tu
bondad. En tu presencia, Señor, hay plenitud de
gozo.

Conclusión

Yo soy la vid y ustedes son las ramas. El que permanece en mí, como yo en él, dará mucho fruto; separados de mí no pueden ustedes hacer nada.

JUAN 15.5

Así como los árboles frutales producen variedad de cultivos (manzanas, duraznos, cerezas) cada una de nosotras producirá diferentes clases de frutos: las bendiciones en nuestras vidas. La cosecha abundante podría ser una amiga consolada, un matrimonio más fuerte, niños sanos, o un corazón en paz. Para algunas de nosotras, la cosecha será un fruto invisible: una abundancia venidera que será recogida y disfrutada por generaciones futuras debido a nuestras fieles oraciones hoy día. En sus variadas formas y clases, nuestras oraciones y la provisión divina crean un cuerno de abundancia de las bendiciones y la gracia de Dios.

Oremos con valor y tenacidad. No renunciemos nunca. Las mujeres que oramos sabemos amar, vivimos en victoria, y somos determinantes en el mundo. Mi esperanza es que seas una de ellas.